Ulrike Gaidosch
Christine Müller

unter Mitarbeit von
Andrea Mackensen
Andreas Tomaszewski

Beratung
Dr. Johannes Hauser
Marion Overhoff
Jürgen Schweckendiek

Zur Orientierung

Basiswissen Deutschland

Lehrerhandbuch

für Orientierungskurse nach dem
BAMF-Curriculum
und für Einbürgerungskurse

Hueber Verlag

Das Werk und seine Teile sind urheberrechtlich geschützt.
Jede Verwertung in anderen als den gesetzlich zugelassenen
Fällen bedarf deshalb der vorherigen schriftlichen
Einwilligung des Verlags.

Hinweis zu § 52a UrhG: Weder das Werk noch seine Teile dürfen ohne
eine solche Einwilligung überspielt, gespeichert und in ein Netzwerk
eingespielt werden. Dies gilt auch für Intranets von Firmen und von Schulen
und sonstigen Bildungseinrichtungen.

3.	2.	1.		Die letzten Ziffern
2013	12	11	10 09	bezeichnen Zahl und Jahr des Druckes.

Alle Drucke dieser Auflage können, da unverändert,
nebeneinander benutzt werden.
1. Auflage
© 2009 Hueber Verlag, 85737 Ismaning, Deutschland
Redaktion: Dr. Jörg-Manfred Unger, Köln
Druck und Bindung: Ludwig Auer GmbH, Donauwörth
Printed in Germany
ISBN 978–3–19–061499–8

Inhalt

Konzeption   4
Rahmenbedingungen   4
Aufbau   5
Methodisch-didaktische Grundlagen   5

Hinweise zu den Modulen   6
0 Kleines Deutschlandquiz; Orientierung in meiner Stadt; Aufgaben von Städten und Gemeinden   6
1 Politik in der Demokratie   9
2 Geschichte und Verantwortung   24
3 Mensch und Gesellschaft   30

Kopiervorlagen für den Orientierungskurs (OK)   38
1+ 2 Bundesländer-Puzzle   38
3 Das politische System in Deutschland   40
4 Die Nationalhymne der Bundesrepublik Deutschland   41
5 + 6 Die Arbeitslosigkeit   42
7 Die Verwaltungsstruktur in Deutschland   44
8 Deutschland – ein Einwanderungsland   45
9 + 10 Symbole der Europäischen Union   46
11 Geografie-Quiz   48
12 Die deutsche Küche   49
13 Meine Religion   50
14 Kulturelle Orientierung – das Eisbergmodell der Kultur   51

Kopiervorlagen für den Einbürgerungskurs (EK)   52
1 Bundesrepublik Deutschland: Regierungsbezirke   52
2 Stimmzettel für die Bundestagswahl   53
3 Bundestag: Parteien und Sitzverteilung   54
4 Grund- und Bürgerrechte   55
5 Strafprozess   56
6 Deutschland in der ersten Hälfte des 19. Jahrhunderts   57
7 Die Märzrevolution 1848 und die Nationalversammlung in der Paulskirche   58
8 Das deutsche Kaiserreich bis zum ersten Weltkrieg (1871–1914)   59
9 Das Ende des Kaiserreichs im Ersten Weltkrieg (1914–1918)   60
10 BIZ: Informationsangebote   61
11 Einbürgerungstest: regionale Fragen   62

Grundgesetz der Bundesrepublik Deutschland, Artikel 7 bis 20   63

Transkripte der Hörtexte   67

Lösungen zu den Kopiervorlagen   76

Konzeption

Rahmenbedingungen

Das Unterrichtsmaterial *Zur Orientierung. Basiswissen Deutschland* folgt den Vorgaben des Bundesamtes für Migration und Flüchtlinge (BAMF) im Rahmen des Zuwanderungsgesetzes. Das Gesetz trat am 1.1.2005 in Kraft und steckt den gesetzlichen Rahmen für das Integrationsprogramm der Bundesrepublik Deutschland ab. Weitere Informationen: www.bamf.de; www.zuwanderung.de.

Die zwei wichtigsten Säulen der Integrationspolitik sind die Sprachförderung und Beratungsangebote für Neuzuwanderer.

Die Sprachförderung, auch als Integrationskurs bezeichnet, besteht aus einem Basis- und Aufbausprachkurs mit 600 – 900 Unterrichtseinheiten sowie einem Orientierungskurs mit 45 Unterrichtseinheiten. Im Rahmen des Orientierungskurses soll das Basiswissen über Politik, Geschichte und Kultur in Deutschland vermittelt werden. Die Lernenden sollen die Grundwerte des demokratischen und sozialen Rechtsstaats, die kulturellen Eigenheiten und Verhaltensregeln in Deutschland kennenlernen.

Der Orientierungskurs schließt an den Aufbausprachkurs an. Er ist für alle Teilnehmer, die die Abschlussprüfung „Zertifikat Deutsch" (Niveau B1 des Gemeinsamen Europäischen Referenzrahmens) ablegen, verpflichtend. *Zur Orientierung* setzt sprachlich auf dem Niveau Ende A2 / Anfang B1 an, um auch Lernende anzusprechen, die Niveau B1 noch nicht erreicht haben.

Zur Orientierung ist auch für Lernende geeignet, die sich auf den Einbürgerungstest vorbereiten wollen.

Ziele nach dem Rahmencurriculum BAMF für Orientierungskurse:

1. Ziele, die sich auf die Integration von Zuwanderern beziehen (Integration im Sinne von Identifikation):

- das Verständnis für das deutsche Staatswesen wecken;
- eine positive Bewertung des deutschen Staates entwickeln;
- Kenntnisse (staats-)bürgerlicher Rechte und Pflichten vermitteln.

2. Ziele, die sich auf die Förderung von Schlüsselkompetenzen beziehen:

- die Fähigkeit entwickeln, sich weiter zu orientieren (Methodenkompetenz);
- zur Teilhabe am gesellschaftlichen Leben befähigen (Handlungskompetenz);
- interkulturelle Kompetenzen erwerben.

Kursabschluss

Am Ende des Orientierungskurses und des Einbürgerungskurses gibt es jeweils einen Abschlusstest. Informationen dazu finden Sie im Kursbuch auf den Seiten 66 und 67 und im Lehrerhandbuch auf Seite 37.

Konzeption

Aufbau

Der Lernstoff ist auf drei Module verteilt. Dazu gibt es als Einstieg noch ein kleines Deutschlandquiz, mit dem das Vorwissen der Lernenden zusammengetragen werden kann, Fragen und Aufgaben zur „Orientierung in meiner Stadt" sowie eine Übersicht über die Aufgaben von Städten und Gemeinden. Im Anhang des Kursbuchs finden Sie einen Test zur Selbstevaluation und die Lösungen zu den Aufgaben in den drei Modulen.

In den Modulen wird der Lernstoff teilnehmerorientiert Schritt für Schritt erarbeitet. Die Unterthemen sind in den einzelnen Modulen übersichtlich auf ganze Seiten verteilt.

Am Ende der Module gibt es jeweils drei Seiten „Wissen", auf denen der Lernstoff stichwortartig zusammengefasst ist. Diese Seiten dienen zum Nachschlagen und helfen den Lernenden darüber hinaus, sich auf die Abschlussprüfung des Orientierungskurses vorzubereiten.

Die eingelegte Audio-CD enthält alle Hörtexte zu den Aufgaben im Buch.

Im Lehrerhandbuch finden sich neben den Informationen über die Rahmenbedingungen, über die Methodik und Didaktik des Orientierungskurses und den Hinweisen zu den einzelnen Modulen auch Kopiervorlagen, die als ergänzendes und vertiefendes Unterrichtsmaterial für den Orientierungskurs konzipiert sind. Sie können nach Bedarf und Interesse direkt im Unterricht eingesetzt werden.

Methodisch-didaktische Grundlagen

Bei den Teilnehmern des Orientierungskurses handelt es sich in der Regel nicht um eine homogene Gruppe, sondern um Lernende verschiedenster Herkunft mit unterschiedlicher Ausbildung, unterschiedlichen Lerngewohnheiten, unterschiedlichem Vorwissen und unterschiedlicher Motivation.

Der vorgegebene Zeitrahmen für den Orientierungskurs erlaubt keine sehr intensive Behandlung der umfangreichen Themen. Darüber hinaus handelt es sich größtenteils nicht um Alltagssprache, sondern um fachsprachliche Inhalte (z. B. das politische System, die Rechtsordnung usw.).

Dem Sprachniveau der Lernenden entsprechend sind die Themen auf dem Niveau A2, höchstens B1 zu vermitteln. Aus diesen Gründen mussten in *Zur Orientierung* Schwerpunkte bei den Themen gesetzt werden.

Weiter versucht das Unterrichtsmaterial, die Lernenden zum selbstständigen Weiterarbeiten anzuregen und die eigene neue Umwelt zu erforschen. Für den Unterricht empfehlen die Autorinnen deshalb auch „den Mut zur Lücke".

Die föderale Struktur Deutschlands bringt es mit sich, dass Gesetze und Verordnungen von Bundesland zu Bundesland unterschiedlich sind, dass es unterschiedliche Behördenbezeichnungen gibt und dass man seine Anträge bei verschiedenen Ämtern erledigen muss/kann. Das Material sollte also immer der Situation vor Ort angepasst werden.

Teilnehmerorientierung

Zur Orientierung geht von dem Vorwissen und den Erfahrungen der Zielgruppe aus. Bei der Erarbeitung des Lernstoffs wird das Wissen der Lernenden zusammengetragen, dann netzwerkartig verknüpft und schließlich durch den neuen Lernstoff erweitert und in einen größeren Zusammenhang gestellt. So erfolgt der Aufbau des Wissens aus der Perspektive der Lernenden und weniger aus der Perspektive der Lehrer/-innen. Abschließend regt *Zur Orientierung* zum Vergleich mit den Heimatländern an, was wiederum zu einer Veranschaulichung der einzelnen Themen führt.

Praxisbezug

Zur Orientierung vermittelt den Lernstoff auf der Basis vieler Situationen aus dem Alltag, mit denen die Lernenden erfahrungsgemäß konfrontiert sind und die sie kennen. Fakultative Projektaufgaben konkretisieren, ergänzen und erweitern das Gelernte u. a. durch den Bezug zur eigenen Region und zum Heimatland. Damit wird *Zur Orientierung* dem Ziel des BAMF gerecht, die Kursteilnehmer zu Informations-Multiplikatoren für andere Zuwanderer werden zu lassen.

Konzeption

Kleinschrittigkeit

Der vorgeschriebene Lernstoff wird Schritt für Schritt erarbeitet. Ausgangspunkt sind Alltagssituationen, Abbildungen, Lese- und Hörtexte, Realien, Grafiken usw., die u. a. eine gezielte Vorentlastung ermöglichen.

Die Übungstypen sind die gleichen wie in kommunikativen Lehrwerken. Es werden alle Fertigkeiten berücksichtigt, der Schwerpunkt liegt vor allem beim Sprechen, Lesen und Hören. Damit baut *Zur Orientierung* auf den Lernerfahrungen auf, die die Lernenden in integrativen Sprachkursen bereits gemacht haben.

Transparenz

Zur Orientierung präsentiert den Lernstoff transparent und anschaulich und macht ihn so allen Lernenden zugänglich. Dies geschieht durch
- einen klaren Aufbau;
- eine genaue Lernzielorientierung;
- die kleinschrittige Übungsabfolge;
- das Doppelseitenprinzip;
- die zusammenfassenden Wissensseiten.

0 Einstieg

Kleines Deutschlandquiz *Seite 6*

1. Bevor Sie mit der eigentlichen Arbeit mit *Zur Orientierung* anfangen, sollten Sie und die Teilnehmerinnen und Teilnehmer (TN) sich im Kurs vorstellen:
   Begrüßen Sie die TN und stellen Sie sich vor. Schreiben Sie Ihren Namen an die Tafel.
   Die TN machen dann zu zweit mit einem ihrer Sitznachbarn ein kurzes Interview. Sie können vorher einige Fragen für das Interview vorgeben (z. B. Name, Beruf, Familie, Hobby, wie lange in Deutschland, warum Orientierungskurs) und an der Tafel festhalten. Anschließend stellen die TN ihren Sitznachbarn im Kurs vor.

2. Besprechen Sie mit den TN die Ziele und die Bedeutung des Orientierungskurses: Warum brauchen wir einen Orientierungskurs? Sammeln Sie an der Tafel die Erwartungen der TN. Erklären Sie dann den Begriff „Orientierungskurs".

   Der Begriff „Orientierungskurs" ist vom BAMF (Bundesamt für Migration und Flüchtlinge: www.bamf.de) vorgegeben. Wichtig an dieser Stelle ist eine Relativierung: Natürlich kann man in 45 Unterrichtsstunden nicht alles über Deutschland erfahren. Die TN sollen in dem Kurs die wichtigsten Fakten über die Rechtsordnung, die Kultur und Geschichte Deutschlands kennenlernen. Viele Aufgaben und Vorschläge für die Projektarbeit versuchen darüber hinaus, auch den kulturellen und sozialen Hintergrund der TN zu thematisieren, um ihre interkulturelle Kompetenz zu fördern.

3. Führen Sie die TN durch die Betrachtung der Bilder an das Thema heran:
   Welche Abbildungen sind den TN bekannt? Was wissen die TN über Deutschland? Sammeln Sie mit den TN weitere Informationen über Deutschland an der Tafel.

   Abbildungen: Goethe und Schiller in Weimar; VW-Werk in Wolfsburg; Seebad Binz; Skifahrer in den Alpen; Bundestag in Berlin; Schule; internationales Straßenfest.

1

1. Die TN beantworten die Fragen zu zweit. Weisen Sie die TN darauf hin, dass es hier nicht um möglichst viele richtige Antworten geht, sondern darum, dass die TN hier den Umfang und die Ziele des Kurses erkennen sollen.
2. Überprüfen Sie die Antworten mit den TN im Plenum und ergänzen Sie bei Interesse der TN die wichtigsten Informationen.

0 Einstieg

TIPP Achten Sie darauf, dass die TN immer wieder mit unterschiedlichen Partnern zusammenarbeiten.

2

1. Sammeln Sie die Themen mit den TN an der Tafel.
2. Die TN notieren schriftlich in kleinen Gruppen ihre Fragen auf Kärtchen, tragen sie anschließend im Kurs vor und hängen sie an der Tafel zum entsprechenden Thema auf.

3

1. Die TN versuchen, die von ihnen gestellten Fragen im Plenum zu beantworten. Halten Sie die Antworten der TN an der Tafel fest. Die Fragen sollen an dieser Stelle nicht „vollständig" und „erschöpfend" beantwortet werden, sondern das Vorwissen der TN aktivieren.
2. Die TN arbeiten in Gruppen: Jede Gruppe sucht sich ein Thema (z. B. „meine Rechte") aus und entwirft anhand der gesammelten Informationen ein Plakat, das dann im Kurs aufgehängt wird.

Orientierung in meiner Stadt Seite 7

Die Einführung in das Thema „Aufgaben von Städten und Gemeinden" fängt mit der Orientierung innerhalb der eigenen Stadt an, um eine langsame und sanfte Überleitung vom Sprachkurs und dem dort verwendeten Lehrwerk zu erzielen.

1

1. Fragen Sie die TN (bei geschlossenen Büchern): Wo müssen Sie hingehen, wenn Sie einen Deutschkurs suchen / Geld umtauschen möchten / am Sonntag plötzlich starke Bauchschmerzen bekommen / eine neue, günstige Wohnung suchen?
2. Die TN führen die Aufgabe in Einzelarbeit oder zu zweit aus.
3. Überprüfung im Plenum.

2 + 3

Fragen Sie die TN: Wissen Sie, ob es in unserer Stadt … gibt? Wissen Sie auch, wo?
Die TN antworten, kreuzen ggf. in Aufgabe 1 die entsprechende „Institution" an, notieren diese auf einem farbigen Zettel und platzieren ihn auf einem Stadtplan.

TIPP Wichtig sind hier Ihre Ortskenntnisse. Als weitere Hilfsmittel können Sie im Unterricht z. B. verschiedene Stadtführer, Info-Flugblätter für Touristen, Telefonbücher (für die Suche nach bestimmten Adressen) etc. einsetzen.

4

Lassen Sie den Stadtplan auch für den weiteren Unterricht im Kurs hängen, um später ggf. weitere Adressen zu einem anderen Thema eintragen zu können.

5

Vielleicht können Sie hier den TN ein paar Tipps geben, wo sie die „vermissten Institutionen" (wie z. B. Schul- und Jugendamt, Kirchen, Geschäfte, Restaurants etc.) finden können – selbstverständlich nur, wenn es diese auch in Ihrer Stadt gibt.

0 Einstieg

Aufgaben von Städten und Gemeinden
Seite 8

Der Staat bildet die höchste politische Ebene, danach kommt die der Länder und als unterste Ebene die der Städte und Gemeinden. Im Grundgesetz steht, dass Städte und Gemeinden eine eigene Verwaltung sowie Stadträte oder Gemeinderäte haben. Bürgermeister haben den Vorsitz und werden meist direkt gewählt. Auch EU-Bürger können sich an den Kommunalwahlen beteiligen, die je nach Kommune alle vier bis sieben Jahre stattfinden.

Die wichtigsten Aufgaben der Städte und Gemeinden sind z. B. Verwaltung (Gewerbeamt, Einwohnermeldeamt etc.), Sozialarbeit, kommunale Angelegenheiten (Wasserversorgung, Müllabfuhr, Gesundheitsuntersuchungen etc.), Kultur, Bildung und Sport, öffentlicher Nahverkehr. Behörden haben in den einzelnen Bundesländern bzw. Städten und Gemeinden zum Teil unterschiedliche Bezeichnungen, z. B. Kreisverwaltungsreferat in München = Bezirksamt in Berlin (siehe Kommentar zum Projekt, Aufgabe 3).

1
1. Lösen Sie die Aufgabe mit den TN im Plenum.
2. Fragen Sie die TN, ob sie schon einmal bei einer der Behörden waren; wenn ja, mit welchem Anliegen.
3. Sammeln Sie mit den TN konkrete Beispiele für die Aufgaben der genannten Behörden, die die TN kennen.

2
1. Die TN führen die Aufgabe in Einzelarbeit oder zu zweit aus.
2. Überprüfung im Plenum.
3. Lassen Sie an dieser Stelle die TN ihre Erfahrungen mit den Behörden austauschen. Bei Interesse können die TN auch genau beschreiben, welche Unterlagen sie bei den konkreten Anliegen gebraucht haben. Ein solcher Informationsaustausch kann für die TN sehr wichtig sein.

3
1. Fragen Sie die TN, welche Behörden für sie wichtig sind. Berücksichtigen Sie dabei auch die in Aufgabe 1 genannten und die im Kapitel „Orientierung in meiner Stadt" in Aufgabe 4 gesammelten Behörden.

Die TN arbeiten zu zweit und wählen eine Behörde aus. Jedes Paar informiert sich (im Internet, anhand von Telefonbüchern, an den Informationsstellen direkt bei der Behörde) über die genaue Bezeichnung der Behörde in der eigenen Stadt bzw. Gemeinde, notiert die genaue Adresse der Behörde, die Telefonnummer und ggf. die Erreichbarkeit mit öffentlichen Verkehrsmitteln. Die TN präsentieren ihre Ergebnisse im Kurs und tragen sie in eine Telefonliste ein. Hängen Sie die Telefonliste im Kursraum auf und kopieren Sie diese für alle TN.

2. Die TN können die Behörden auch auf dem Stadtplan (siehe „Orientierung in meiner Stadt", Aufgabe 4) eintragen.

4
1. Als Vorentlastung für den Hörtext stellen die TN zuerst Vermutungen über die Aufgaben der Stadt / der Gemeinde an.
2. Die TN führen die Aufgabe in Einzelarbeit oder zu zweit durch. Überprüfung im Plenum.
3. Spielen Sie den Hörtext noch einmal ab. Die TN notieren die Aufgaben der drei genannten Ämter.

Gesundheitsamt: Sicherstellung der Gesundheit der Bürger (z. B. Untersuchungen in der Schule, Überprüfung der Trinkwasserqualität und der Hygienestandards in Restaurants).
Sozialamt: Unterstützung bei Arbeitslosigkeit, Schaffung sozialer Einrichtungen (z. B. Schwimmbad, Jugendzentrum).
Gewerbeamt: Anmeldung eines Gewerbes, Erhebung der Gewerbesteuer u. a.

4. Bringen Sie eine Behördenübersicht aus Ihrer Stadt oder Gemeinde in den Kurs mit. Sammeln Sie mit den TN konkrete Beispiele für die Aufgaben der einzelnen Behörden. Es sollte auch das Jugendamt erwähnt werden, da diese Behörde für viele TN wichtig ist.

1 Politik in der Demokratie

Politik und Demokratie in Deutschland *Seite 9*

Diese Seite dient als Einstieg in das Modul 1. Gehen Sie methodisch so vor wie bei Seite 6, Aufgabe 1.

Abbildungen (von rechts nach links):
obere Reihe: Bundeskabinett; Plenarsaal des Bundestags; 1. Schultag: Kind mit Schultüte; Umschlag des Grundgesetzbuchs der Bundesrepublik Deutschland, erschienen im Beck Verlag.
untere Reihe: Stimmzettel (Muster) zur Bundestagswahl; Soldaten der Bundeswehr mit Bundeswappen auf der Uniform; Kleinkind mit Nationalsymbolen; Stand einer Bürgerinitiative; Richter in einer Gerichtsverhandlung

Die Bundesländer *Seiten 10 + 11*

Die Namen der 16 Bundesländer und Hauptstädte sollten nicht alle auswendig gelernt werden. Wichtig ist vielmehr, dass die TN wissen, wie in Deutschland der Föderalismus funktioniert bzw. wie die Kompetenzen und Aufgaben unter Bund, Ländern und Kommunen verteilt sind. Weisen Sie die TN auch auf den besonderen Status der drei Stadtstaaten Berlin, Bremen und Hamburg und die anderen Bezeichnungen einiger wichtiger politischer Funktionen und Organe hin:

Berlin: Regierender Bürgermeister (= Ministerpräsident); Senat (= Landesregierung); Abgeordnetenhaus / Berliner Landesparlament (= Landtag).
Bremen: Bürgermeister / Präsident des Senats (= Ministerpräsident); Senat (= Landesregierung); Senatoren (= Landesminister); Bremische Bürgerschaft (= Landtag).
Hamburg: Erster Bürgermeister (= Ministerpräsident); Senat (= Landesregierung); Senatoren (= Landesminister); Bürgerschaft (= Landtag).

Weitere Informationen:
www.berlin.de; www.bremen.de; www.hamburg.de; www.baden-wuerttemberg.de; www.bayern.de; www.brandenburg.de; www.hessen.de; www.mv-regierung.de (Mecklenburg-Vorpommern); www.hannover.de (Niedersachsen); www.nrw.de (Nordrhein-Westfalen); www.rlp.de (Rheinland-Pfalz); www.saarland.de; www.sachsen.de; www.sachsen-anhalt.de; www.schleswig-holstein.de; www.thueringen.de

Die Schul- und Kulturpolitik, die Verwaltung der Universitäten, das Justiz- und Polizeiwesen sind Aufgaben der Länder.

Weitere Informationen:
www.deutschland.de; www.bundesrat.de; www.bundesregierung.de; www.auswaertiges-amt.de; www.politik.de

1

1. Fragen Sie die TN: Wie heißt das Bundesland, in dem wir leben? Wie heißt die Hauptstadt? Wie heißt die Hauptstadt Deutschlands? Welche anderen Bundesländer kennen Sie noch?
2. Bei Interesse der TN können Sie Aufgabe 3 („Deutschlandkarte") vorziehen:
Die TN ordnen die Hauptstädte den Bundesländern zu zweit zu. Bringen Sie eine Deutschlandkarte in den Kurs mit und lassen Sie die TN ihre Lösung auf der Karte überprüfen.

2

1. Die TN arbeiten in kleinen Gruppen (ca. 4–5 TN), wählen einen Stichpunkt (wichtige Städte / Natur etc.) aus und notieren ihnen bekannte Informationen dazu.
2. Alle Gruppen präsentieren die gesammelten Informationen.

PROJEKT Unser Bundesland (Poster)
1. Die TN malen den Umriss des eigenen Bundeslandes auf ein großes Stück Papier.
2. Lassen Sie die TN bis zur nächsten Unterrichtsstunde entsprechendes Bildmaterial sammeln (aus Internet, Zeitungen und Zeitschriften, Infobroschüren etc.).
3. Die TN tragen die gesammelten Informationen ein und gestalten mit dem Bildmaterial ein Poster.

TIPP Informationen zu Einwohnerzahlen und Größe des jeweiligen Landes finden Sie in *Zur Orientierung* auf Seite 26. Auf Anfrage können Sie auch geografische Daten wie die wichtigsten Flüsse, die höchsten Berge etc. zur Verfügung stellen bzw. den TN bei der Suche nach diesen Informationen Hilfestellung geben (Lexika, Internet, Infomaterial). Die Themen Natur, Sehenswürdigkeiten, Feste und Dialekte werden weiter in Modul 3, „Regionale Vielfalt", besprochen.

3

1. *Variante 1:* Die TN führen die Aufgabe zu zweit durch. Überprüfung siehe oben unter Aufgabe 1. 2. *Variante 2:* Die TN arbeiten in kleinen Gruppen. Jede Gruppe bekommt eine Deutschlandkarte als Puzzle (einzelne Bundesländer mit den entsprechenden Abkürzungen der Bundesländer darauf, siehe Kopiervorlagen OK 1 + 2) und die Kärtchen mit den Namen der Hauptstädte. Die TN versuchen, das Puzzle zusammenzusetzen und die Hauptstädte zuzuordnen.

1 Politik in der Demokratie

2. Lassen Sie die TN kurz über ihr eigenes Land erzählen (Größe, Einwohner, Hauptstadt, Geografie): Die TN bilden Gruppen entsprechend ihrer Nationalität, notieren Stichworte und präsentieren ihr Land im Kurs.

TIPP Die Bundeszentrale (bzw. Landeszentrale) für politische Bildung verschickt gegen eine Schutzgebühr Deutschlandkarten. Bei der Firma Bartl (www.bartlgmbh.com) kann man über eine Institution auch kleine Deutschlandpuzzles bestellen.

EK
Die Bundesrepublik Deutschland ist in verschiedene Verwaltungsebenen eingeteilt: Bund, Länder, Regierungsbezirke, Landkreise, Städte und Gemeinden.

Für die Einbürgerung werden Kenntnisse zu den Regierungsbezirken (Landesmittelbehörde, Regierungspräsident) vorausgesetzt. Arbeiten Sie mit der Kopiervorlage EK 1 und ergänzen Sie dort für Ihr Bundesland Landkreise und Kommunen, da im Einbürgerungstext auch nach den Landkreisen gefragt werden kann. Eine Auflistung der Landkreise finden Sie auf den offiziellen Internetseiten jedes Bundeslandes.

4

1. Fragen Sie die TN: Was wissen Sie über das politische System in Deutschland?, Wer ist der/die Bundespräsident/-in?, Wer ist der/die Bundeskanzler/-in? Sammeln Sie mit den TN Informationen an der Tafel.
2. Die TN führen die Aufgabe in Einzelarbeit oder zu zweit durch.
3. Überprüfung im Plenum. Wenn schon im ersten Schritt (Vorwissen aktivieren) die einzelnen Organe (Bundestag, Bundesrat, Bundesregierung etc.) genannt wurden, können Sie versuchen, deren wichtigste Aufgaben mit den TN zu klären.

5

1. Zeigen Sie den TN bei geschlossenen Büchern die leere Grafik (Kopiervorlage OK 3) auf dem OHP oder an der Tafel und lassen Sie die TN diese im Plenum ergänzen. Die TN stellen Vermutungen über die Aufgaben der einzelnen Staatsorgane an (wenn nicht in Aufgabe 4.3 getan).
2. Die TN lesen die Texte und ordnen die Texte den Begriffen aus Aufgabe 4 zu zweit zu. Überprüfung im Plenum.

TIPP Weisen Sie die TN auf die Tatsache hin, dass der/die Bundeskanzler/-in und der/die Bundespräsident/-in unterschiedliche Kompetenzen haben. Wichtig ist auch der Hinweis, dass nicht die Wähler den/die Kanzler/-in wählen, sondern der Bundestag. Weitere Informationen finden Sie auf den Seiten 26 und 27.

EK
Zusätzliche Informationen zu den Texten a bis i im Kursbuch, Seite 11:

a. Bundesregierung
Sie bereitet Gesetze und Verordnungen vor zu allen Bereichen, die die Innen- und Außenpolitik der Bundesrepublik Deutschland betreffen, z. B. zu Steuern und Abgaben, zum Kindergeld, zur Gesundheitsversorgung oder zu Einsätzen der Bundeswehr im Ausland. Auch wird beraten, wie die Beziehungen Deutschlands zu anderen Ländern am besten geregelt werden können.
Die Gesetze werden im Bundestag diskutiert und beschlossen bzw. abgelehnt.
Sitz der Bundesregierung ist Berlin.

b. Bundestag
Die Mitglieder des Bundestags (MdB), die Abgeordneten, werden für vier Jahre vom Volk gewählt. Alle Abgeordneten einer Partei bilden eine sogenannte Fraktion. Es gibt eine festgelegte Sitzordnung im Parlament, sodass die Mitglieder einer Partei zusammen sitzen. Die aktuelle Sitzverteilung des Bundestags finden Sie im Internet unter www.bundestag.de.
Der Bundestag diskutiert und beschließt Gesetze. Dazu muss mindestens die Hälfte aller Mitglieder des Bundestags anwesend sein. Zu den Aufgaben des Bundestags gehören neben der Gesetzgebung und der Kontrolle der Regierung die Wahl des Bundeskanzlers / der Bundeskanzlerin, die Mitwirkung bei der Wahl des Bundespräsidenten / der Bundespräsidentin und die Wahl der Richterinnen und Richter am Bundesverfassungsgericht.

c. Landesparlamente
Die Landtage haben (auf der Ebene der Bundesländer) eine ähnliche Funktion wie der Bundestag, nur geht es dort um die Politik der jeweiligen Landesregierung. In Bremen und Hamburg heißen die Landesparlamente „Bürgerschaft", in Berlin nennt sich das Landesparlament „Abgeordnetenhaus".
In Bremen und Hamburg werden die Landesparlamente für vier, in Berlin und den übrigen Bundesländern für fünf Jahre gewählt.

1 Politik in der Demokratie

d. Bundeskanzler/-in
Ferner bestimmt der Kanzler/die Kanzlerin die Richtlinien der Politik, s. auch *Richtlinienkompetenz* im Glossar Kursbuch, S. 73.
Er/sie wählt die Minister aus; die formale Ernennung obliegt jedoch dem Bundespräsidenten.
Er/sie wird für vier Jahre gewählt. Das Parlament kann dem Bundeskanzler / der Bundeskanzlerin das Vertrauen durch einen „Misstrauensantrag" entziehen, wenn die Mehrheit der Abgeordneten gegen seine / ihre Politik ist. Dann muss der Bundespräsident / die Bundespräsidentin sofort vom Bundestag einen neuen Kanzler wählen lassen, damit es keine regierungslose Zeit gibt (Art. 67 des Grundgesetzes).
Vgl. auch den Eintrag *Vertrauensfrage* im Glossar Kursbuch, S. 74.

Übersicht: Bundeskanzler der Bundesrepublik Deutschland

Konrad Adenauer (CDU)	1949–1963
Ludwig Erhard (CDU)	1963–1966
Kurt Georg Kiesinger (CDU)	1966–1969
Willy Brandt (SPD)	1969–1974
Helmut Schmidt (SPD)	1974–1982
Helmut Kohl (CDU)	1982–1998
Gerhard Schröder (SPD)	1998–2005
Angela Merkel (CDU)	seit 2005

e. Landesregierung
Die Landesregierung besteht aus dem Ministerpräsidenten und seinen Ministern (Landesministern, Staatsministern). Die Anzahl der Minister ist von Land zu Land unterschiedlich.
Es gibt im Wesentlichen die gleichen Ministerien wie im Bund. Die Bundesländer haben jedoch besondere Kompetenzen in der Kultus- und Bildungspolitik, daher gibt es nur in den Ländern Kultusministerien, im Bund nicht. Die Außen- und Verteidigungspolitik ist dagegen Sache des Bundes, daher gibt es das Verteidigungsministerium nur im Bund.
Hinweis:
In den länderspezifischen Teilen des Einbürgerungstests gibt es dazu Fragen.

Besonderheiten in den einzelnen Ländern bzw. Stadtstaaten:
Bayern und Sachsen: Die Landesregierung heißt Staatsregierung. In Bayern können Staatssekretäre der Staatsregierung angehören.
Berlin, Hamburg, Bremen: Die Landesregierung heißt Senat, die Regierungschefs heißen *Regierender Bürgermeister* (Berlin), *Erster Bürgermeister* (Hamburg) oder *Bürgermeister* (Bremen), und die Minister heißen Senatoren.

f. Bundesversammlung
Sie wird vom Bundestagspräsidenten einberufen.

g. Bundespräsident/-in
Er/Sie ernennt und entlässt den Bundeskanzler und die Minister. Er/sie vertritt das ganze deutsche Volk. Er/sie unterzeichnet Gesetze und Verträge mit anderen Ländern. Ein besonderes Recht ist die Begnadigung von Gefangenen. Sitz des Bundespräsidenten / der Bundespräsidentin ist Schloss Bellevue in Berlin.
Er/sie wird für 5 Jahre gewählt.

Übersicht: Bundespräsidenten der Bundesrepublik Deutschland

Theodor Heuss	1949–1959
Heinrich Lübke	1959–1969
Gustav Heinemann	1969–1974
Walter Scheel	1974–1979
Karl Carstens	1979–1984
Richard von Weizsäcker	1984–1994
Roman Herzog	1994–1999
Johannes Rau	1999–2004
Horst Köhler	seit 2004

h. Ministerpräsident / Ministerpräsidentin
In Hamburg und Bremen heißen die Chefs der Regierung „Erster Bürgermeister". In Berlin heißt der Regierungschef „Regierender Bürgermeister".

i. Bundesrat
Jedes Bundesland entsendet je nach seiner Einwohnerzahl drei bis sechs Vertreter in den Bundesrat; insgesamt hat der Bundesrat 69 Mitglieder.
Welche Parteien in den Bundesländern regieren, hat eine Auswirkung auf die Bundespolitik, denn der Bundesrat muss über wichtige Gesetze der Bundesregierung abstimmen. Hat eine Partei die Mehrheit im Bundestag und im Bundesrat, ist das Regieren leichter. Hat die Opposition im Bundestag die Mehrheit im Bundesrat, wird das Regieren schwieriger.

Dazu gibt es auch eine Frage im Einbürgerungstest:

In Deutschland kann ein Regierungswechsel in einem Bundesland Auswirkungen auf die Bundespolitik haben. Das Regieren wird …
A schwieriger, wenn sich dadurch die Mehrheit im Bundestag ändert.
B leichter, wenn dadurch neue Parteien in den Bundesrat kommen.
C schwieriger, wenn dadurch die Mehrheit im Bundesrat verändert wird.
D leichter, wenn es sich um ein reiches Bundesland handelt.

Richtige Antwort: C

1 Politik in der Demokratie

Der Bundesratspräsident oder die Bundesratspräsidentin (immer für ein Jahr gewählt), ist gleichzeitig Vertreter/-in des Bundespräsidenten / der Bundespräsidentin.

Klären Sie, welche Aufgaben die einzelnen Institutionen und Organe haben, wo sie sich befinden und wer sie wählt. Fotos finden Sie im Internet auf der Homepage der jeweiligen Institution.
Behandeln Sie in diesem Zusammenhang auch die Wahlperioden. Eine Übersicht gibt es im Kursbuch, Seite 28.

6

Die TN stellen das politische System ihres Herkunftslandes vor. Je nach Zeit und Interesse können die TN das politische System in einer Grafik darstellen und im Kurs präsentieren.

TIPP Nicht alle TN können oder wollen sich zum politischen System des eigenen Landes äußern, weil sie z. B. schon sehr lange in Deutschland leben und die Bezüge zum „eigenen Land" verloren haben. Geben Sie den TN ggf. Gelegenheit, das politische System eines Drittstaates (in dem sie z. B. längere Zeit gelebt haben) zu beschreiben.

Politische Parteien und die Bundestagswahl *Seite 12 + 13*

Zum Thema Wahlen und Parteien verfügen die TN in der Regel bereits über ein Vorwissen. Weisen Sie auch an dieser Stelle darauf hin, dass die TN eine allgemeine Orientierung bekommen und die Parteien und deren politische Richtung oberflächlich kennen sollten. Weiterführende Informationen:
www.spd.de; www.cdu.de; www.csu.de; www.fdp.de; www.gruene.de; www.die-linke.de

1

1. Fragen Sie die TN: Welche Politiker oder Politikerinnen kennen Sie? Welcher Partei gehören sie an? Bei welchem Anlass haben Sie von ihnen gehört? Notieren Sie die Namen der Politiker/-innen und der entsprechenden Parteien an der Tafel.

TIPP Die TN kennen viele Politiker aus den Medien. Die Verknüpfung von Partei und ihren bekanntesten Persönlichkeiten ist für sie hilfreich. Sie können auch Bilder amtierender Politiker und Politikerinnen in den Unterricht mitbringen und die TN fragen, ob sie diese Personen kennen.

2. Die TN führen die Aufgabe zu zweit aus. Überprüfung im Plenum.

2

Wählen Sie ein aktuelles politisches Thema (z. B. Familienpolitik, Einführung neuer Steuerabgaben, Einsatz der deutschen Armee im Ausland usw.) und schreiben Sie es als Überschrift an die Tafel. Sammeln Sie dazu mit den TN die Meinungen / Einstellungen der einzelnen Parteien in Stichworten.

3

Die TN arbeiten in Gruppen (ihren Herkunftsländern entsprechend) und machen ein Plakat mit einer Übersicht der wichtigsten politischen Parteien, die im eigenen Heimatland regieren bzw. in der Opposition sind. Sie können auch die Namen der wichtigsten Vertreter der Parteien notieren und ggf. deren Fotos aus Zeitungen dazu kleben. Die TN können die Parteien aufgrund der politischen Orientierung den deutschen Parteien „zuordnen".

4

1. Fragen Sie die TN, was auf den Bildern zu sehen ist.

Abbildungen: 1. Stimmzettel für die Bundestagswahl; 2. Reisepass der Bundesrepublik Deutschland; 3. Mitglieder der Bundesregierung nach

1 Politik in der Demokratie

der Bundestagswahl 2005; 4. Wahllokal mit Wahlurne; 5. Bundestag (Die orangen Jahreszahlen markieren, wann die letzten Bundestagswahlen stattgefunden haben.)

2. Die TN ordnen die Abbildungen zu und unterstreichen in den Sätzen die Schlüsselwörter zum Thema „Bundestagswahl".
3. Machen Sie mit den TN einen Wortigel an der Tafel: Schreiben Sie das Wort „Bundestagswahl" an die Tafel, ergänzen Sie die Schlüsselwörter aus der Aufgabe und ggf. weitere Angaben (z. B. die letzte Bundestagswahl).

EK
Wahlrechtsgrundsätze (vgl. Kursbuch, Seite 28):

1. Die Wahlen zu allen Volksvertretungen sind allgemein: Jeder deutsche Staatsangehörige, der über 18 Jahre ist, darf wählen.
2. Die Wahlen sind frei: Es gibt in Deutschland im Gegensatz zu anderen Ländern keinen Wahlzwang.
3. Die Wahlen sind gleich: Jede Stimme zählt gleich.
4. Die Wahlen sind geheim: Niemand darf kontrollieren, wen man gewählt hat.

Diese allgemeinen Wahlrechtsgrundsätze gelten in Deutschland grundsätzlich bei allen Wahlen, so auch bei Personalrats- oder Betriebsratswahlen oder bei der Wahl von Schwerbehindertenvertretern, an der auch Migrantinnen und Migranten teilnehmen können.

Fragen Sie Ihre TN, ob sie Freunde, Verwandte o. Ä. haben, die in einen Betriebsrat gewählt wurden, und welche Erfahrungen sie mit ihrer Kandidatur und ihrer Wahl gemacht haben.
Das Thema „Wahlrechtsgrundsätze" eignet sich gut für den Vergleich mit Wahlen in anderen Ländern, wo es z. B. Wahlpflicht gibt.

Behandeln Sie in diesem Zusammenhang auch die die Begriffe „aktives" und „passives" Wahlrecht.
Aktives Wahlrecht: Alle Deutschen ab 18 Jahren dürfen wählen, im Ausland unter bestimmten Voraussetzungen per Briefwahl. Bei Europa- und Kommunalwahlen sind auch Menschen aus der EU, die in der Bundesrepublik leben, wahlberechtigt.
In einigen Bundesländern liegt das Wahlalter bei Kommunalwahlen bei 16 Jahren. Dazu gehören derzeit Niedersachsen, Schleswig-Holstein, Mecklenburg-Vorpommern, Sachsen-Anhalt, Nordrhein-Westfalen, Hessen und Niedersachsen.
Da im Einbürgerungstest im länderspezifischen Teil danach gefragt werden kann, sollten Sie die TN auf diese Besonderheit hinweisen.

Passives Wahlrecht: Man kann unter bestimmten Bedingungen für ein politisches Amt kandidieren, also gewählt werden.
Man muss in der Regel 18 Jahre alt sein, seinen Hauptwohnsitz in der Bundesrepublik Deutschland haben und darf nicht vorbestraft sein. Mit Ausnahme der Europawahlen muss man deutscher Staatsbürger sein.
Hinweis: Beim öffentlichen Amt des Schöffen (siehe Glossar Einbürgerungskurs im Kursbuch) muss der zu wählende Kandidat das 24. Lebensjahr vollendet haben.

Hinweis zu Kopiervorlage EK 2:
Erläutern Sie anhand des Stimmzettels das Mehrheits- und Verhältniswahlrecht.
Mehrheitswahl: Mit der Erststimme wird eine Person gewählt, die direkt in das politische Gremium (z. B. Bundestag, Landtag) einzieht.
Verhältniswahl: Mit der Zweitstimme wird eine Partei gewählt. Wenn eine Partei z. B. 30 Prozent Wählerstimmen hat, bekommt sie auch 30 Prozent der Sitze im Parlament. Wenn sie mehr Sitze als Direktkandidaten (durch die Erststimmen) hat, schickt sie weitere Abgeordnete über eine Parteiliste in das Parlament (Überhangmandate).
Fünfprozenthürde (Fünfprozentklausel): Eine Partei braucht mindestens fünf Prozent Zweitstimmen, um ins Parlament einzuziehen. Damit will man verhindern, dass zu viele kleine Parteien im Parlament sitzen. Diese Regelung fußt auf Erfahrungen aus der Weimarer Republik (1919–1933): Damals wurde die Regierungsarbeit durch eine Zersplitterung des Parlaments in viele kleine Parteien behindert, und es gab häufige Regierungswechsel und Neuwahlen.

Opposition
Die Parteien in einem Parlament, die nicht in der Regierung vertreten sind, bilden die Opposition. Zusammen mit den Regierungsparteien diskutiert sie die Politik und die Gesetzesentwürfe der Bundesregierung und versucht, deren Fehler aufzuzeigen. So entsteht eine kritische Auseinandersetzung mit der Regierungspolitik im Parlament und in der Öffentlichkeit.

Ausländische Mitbürger und Mitbürgerinnen dürfen nur an der Wahl für den Ausländerbeirat (siehe Hinweise zur Kursbuchseite 17) teilnehmen. Bei den Wahlen zum Europa-Parlament dürfen EU-Bürger und -Bürgerinnen wählen, sofern sie ins Wählerverzeichnis eingetragen sind. Spätaussiedler/-innen sind als deutsche Bürger und Bürgerinnen bei allen Wahlen (außer der zum Ausländerbeirat) wahlberechtigt, müssen aber mindestens ein Jahr in der Bundesrepublik Deutschland gelebt haben.

1 Politik in der Demokratie

5

1. Fragen Sie die TN, welche Farbe welche politische Partei darstellt. Die TN notieren die Namen der Parteien in der Grafik.
2. Die TN hören den Text (wenn nötig zweimal) und ergänzen die Prozentzahlen.
   Die Ergebnisse, die im Hörtext präsentiert werden, entsprechen dem Ausgang der Bundestagswahl 2005.
3. Welche Möglichkeiten für eine Koalitionsbildung sind bei diesen Ergebnissen gegeben? Die TN machen Vorschläge.

TIPP Weisen Sie die TN auf die Tatsache hin, dass eine Koalition die Unterstützung von mehr als der Hälfte der Stimmen im Bundestag haben sollte, um überhaupt regieren zu können.

4. Die TN arbeiten zu zweit und bestimmen die Parteien im Schritt b. Überprüfung im Plenum. Bei Interesse der TN können Sie auch die Begriffe „Große Koalition" (Koalition der CDU/CSU und der SPD = a), „Ampel-Koalition" (Koalition der SPD, der FDP und der Grünen = b) und „Jamaika-Koalition" (Koalition der CDU/CSU, der FDP und der „Grünen" = c) einführen und erklären.

EK
Hinweis zur Sitzordnung im Bundestag:
Im Einbürgerungstest wird auch nach der Sitzordnung der Parteien im Bundestag gefragt.
Wie im Kursbuch, Seite 13 abgebildet, sitzen die linken Parteien (Die Linke, SPD) im Bundestag auf der linken Seite, die konservativen Parteien (CDU/CDU) und die bürgerlich-liberale FDP auf der rechten Seite. In der Mitte sitzen die „Grünen". Wie in vielen anderen Ländern auch bezeichnet man einige Parteien nach ihrer Farbe oder nach der Sitzordnung (die „Roten" / „die Linken"; „die Schwarzen" / „die Rechten"). Mithilfe der Kopiervorlage EK 3 können Sie die aktuelle Sitzverteilung im Deutschen Bundestag im Kurs erarbeiten.

Gewaltenteilung / Freiheitlich demokratische Grundordnung *Seiten 14 + 15*

Die Gewaltenteilung ist ein wichtiger Sicherungsmechanismus für den Rechtsstaat: Judikative, Legislative und Exekutive sind voneinander unabhängig.

1

1. Besprechen Sie mit den TN, welche Berufe die Personen auf den Abbildungen ausüben und welche Aufgaben sie haben. Sammeln Sie an der Tafel Stichworte zu den Aufgaben (drei Spalten: zu Abbildung 1, zu Abbildung 2, zu Abbildung 3).

   Abbildung links: Abgeordneter im Bundestag (Symbol für die Legislative);
   Abbildung Mitte: Einsatz der Polizei bei einer Veranstaltung (Symbol für die Exekutive);
   Abbildung rechts: Richter des Bundesverfassungsgerichts (Symbol für die Judikative).

2. Was symbolisieren die drei Abbildungen? Die TN machen Vorschläge für mögliche Überschriften für die drei Spalten, z. B. Spalte 1: Politik (Gesetze „machen"); Spalte 2: Ordnung (Gesetze „bewachen"); Spalte 3: Gerichte (Gesetze „anwenden"). Thematisieren Sie zu diesem Zeitpunkt den Auszug aus dem Artikel 20 des Grundgesetzes noch nicht. Der Text wird später in Aufgabe 3 herangezogen.

2

1. Die TN hören den Text und ordnen die Erklärungen den Begriffen zu. Klären Sie ggf. gemeinsam mit den TN die Bedeutung der drei Ausdrücke:

   Rechtsstaat = Staat, in dem es für alle Menschen „gerecht zugeht".
   Gewaltenteilung = Teilung der Staatsgewalt; die Gewalt, die der Staat hat/ausübt, ist geteilt, damit der Staat sie nicht missbrauchen kann; der Staat darf nicht alles machen.
   Verfassung = ein Buch, in dem Gesetze und Regeln stehen, die für alle gelten – für die Menschen und den Staat.

2. Die TN hören den Text zum zweiten Mal und notieren die drei „Säulen" der Gewaltenteilung, die im Text erwähnt werden:
   Politiker (im Bundestag) – Regierung – Gerichte.

   Vergleichen Sie mit den TN diese „Säulen" mit den in Aufgabe 1 notierten Überschriften der drei Spalten. Den Begriff „Gewaltenteilung" können Sie als Überschrift für alle drei Spalten an die Tafel schreiben.

1 Politik in der Demokratie

3. Besprechen Sie im Plenum mit den TN die Antwort auf die Frage im Schritt b und notieren Sie die Vorschläge der TN an der Tafel.
4. Die TN hören den zweiten Teil des Hörtextes. Überprüfung der vorgeschlagenen Antworten im Plenum. Bei Interesse können die TN ihre eigenen Erfahrungen aus ihren Heimatländern einbringen.

3

1. Hier werden die Informationen aus den Aufgaben 1 und 2 zusammengefasst und übersichtlich dargestellt. Die TN arbeiten in kleinen Gruppen, lesen die Texte und ergänzen das Schema. Die Gruppen überprüfen die Lösung mit der Darstellung auf Seite 27.
2. Die TN lesen den Auszug aus dem Grundgesetz (Aufgabe 1) und markieren, wie „Legislative", „Exekutive" und „Judikative" im Text bezeichnet werden (Organe der Gesetzgebung, der vollziehenden Gewalt und der Rechtsprechung). Je nach Sprachniveau können die TN versuchen, den Sinn der einzelnen Unterpunkte des Artikels im Plenum mit eigenen Worten wiederzugeben.
Punkt 4 des Artikels können Sie als Überleitung für den nächsten Schritt nutzen: Fragen Sie die TN, was hier gemeint ist und warum man wohl diesen Satz ins Grundgesetz aufgenommen hat.

TIPP Die TN müssen im Text nur die Schlüsselbegriffe und den Sinn verstehen. Geben Sie den TN Hilfestellungen. Bei TN, deren Sprachkenntnisse eher schwach sind, können Sie ggf. diesen Schritt (Text lesen und den Sinn erfassen) weglassen.

3. Fragen Sie die TN zum Abschluss, warum Gewaltenteilung so wichtig ist. Weisen Sie auf die deutsche Geschichte hin und erwähnen Sie als Beispiel für eine Diktatur das Dritte Reich und die Zeit des Nationalsozialismus.

EK
Die Medien als „vierte Gewalt"
Stellen Sie die Medien als „vierte Gewalt" an der Tafel als vierte Säule dar.
Fragen Sie die TN, weshalb ihrer Meinung nach die Medien in Deutschland auch als „vierte Gewalt" bezeichnet werden bzw. welche „Gewalt" sie haben. Auch dieses Thema eignet sich gut für den interkulturellen Transfer. (Welche Rolle spielen die Medien in anderen Ländern?)

Politische Einflussnahme Seiten 16 + 17

1

1. Schreiben Sie das Wort „Demokratie" an die Tafel und fragen Sie die TN, mit welchem Bild / welchen Bildern man das Wort veranschaulichen könnte.
2. Die TN sehen sich die Abbildungen im Buch an: Was ist dort abgebildet? Warum sind diese Abbildungen hier gewählt worden?

   Abbildung links: Parthenon, Tempel, der zu Ehren der Stadtpatronin Pallas Athene Parthenos auf der Akropolis in Athen erbaut wurde; Griechenland gilt als die Wiege der Demokratie.
   Abbildung Mitte: Bundestagswahl; eines der Grundrechte in der Demokratie: Die politischen Vertreter werden von allen Menschen gewählt, die Mehrheit entscheidet.
   Abbildung rechts: Demonstration gegen Kürzungen der sozialen Leistungen; ebenfalls Grundrechte: freie Meinungsäußerung, Demonstration/Streik.

   Das Wort „Demokratie" kommt aus dem Griechischen und bedeutet „Herrschaft des Volkes" (demos: das Volk; kratein: herrschen). Bei der Demokratie ist nicht nur wichtig, dass die Mehrheit entscheidet, sondern auch, dass die von der Mehrheit beschlossene Entscheidung respektiert wird, auch wenn man anderer Meinung ist.

3. Die TN führen die Aufgabe in Einzelarbeit oder zu zweit aus. Überprüfung im Plenum.

2

Die TN geben Beispiele aus ihrem Alltag, z. B. den Elternbeirat in den Schulen, Bürgerinitiativen etc. (vgl. Aufgabe 4). Sie können diese Aufgabe auch mit dem Projekt in Aufgabe 5 verbinden.

3

1. Die TN machen Vorschläge für mögliche Inhalte der beiden Artikel.
2. Die TN lesen die Texte und ordnen die Überschriften zu.
3. Je nach verfügbarer Zeit können Sie mit den TN eine Diskussion zum ersten Artikel („Bürger und Bürgerinnen sollen über ein Einkaufszentrum entscheiden") durchführen:
Die TN arbeiten in drei Gruppen. Eine Gruppe sammelt Argumente für, die zweite Gruppe gegen den Bau des neuen Einkaufszentrums. Die dritte Gruppe spielt die politischen Vertreter der SPD und überlegt sich, welchen Standpunkt sie bei der Diskussion vertreten möchte. Anschließend führen die TN eine Diskussion. Die Vertreter der SPD mo-

1 Politik in der Demokratie

derieren die Diskussion und fassen das Ergebnis zusammen.
4. Fragen Sie die TN, ob sie selber schon einmal an einer ähnlichen politischen/sozialen Entscheidung teilgenommen haben oder ob sie einen ähnlichen Fall aus ihrer Umgebung kennen. Die TN berichten im Kurs.

4

1. Die TN führen die Aufgabe zu zweit durch. Überprüfung im Plenum.

2. Klären Sie mit den TN gemeinsam, was Bürgerinitiative, Bürgerbegehren, Vereine und Elternbeiräte sind und welche Aufgaben sie haben.

Bürgerinitiative: Das Wort „Initiative" kommt aus dem Lateinischen bzw. Französischen und heißt so viel wie Entschlusskraft oder Unternehmensgeist. Bürgerinitiativen sind eine Form der Selbstorganisation von Bürgern außerhalb von Parteien bzw. Verbänden und vertreten die Interessen der Bürger vor kommunalen oder nationalen politischen Organen (z. B. Einrichtung von Kindergärten, Verkehrs- und Städtebauplanung, Umweltschutz etc.).

Bürgerbegehren und *Bürgerentscheide* gelten als Mittel der direkten Demokratie in den Kommunen. In wichtigen Angelegenheiten können Bürger einer Gemeinde oder einer Stadt einen Antrag auf Bürgerentscheid stellen. Dieser Antrag, den ein bestimmter Anteil von Wahlberechtigten unterschreiben muss, nennt man Bürgerbegehren. Die Bedingungen für die Initiierung eines Bürgerbegehrens sind in den einzelnen Bundesländern unterschiedlich.

Volksbegehren: Unter bestimmten Bedingungen können die Bürger direkten Einfluss auf politische Entscheidungen nehmen.
Auf kommunaler Ebene gibt es dazu das Bürgerbegehren und den Bürgerentscheid, auf der Ebene der Bundesländer das *Volksbegehren*.

Quorum: An einem Bürger- oder Volksbegehren muss ein bestimmter Prozentsatz der Abstimmungsberechtigten teilnehmen. Diesen Prozentsatz nennt man „Quorum". Liegt die Teilnahme unter diesem Quorum, ist die Abstimmung ungültig.

Verein: Ein Verein ist eine dauernde Verbindung von Personen, die unter einem Namen gemeinsame Zwecke verfolgt. Vereine haben eine Satzung, die ihre Ziele aufführt.

Der *Elternbeirat* ist die Vertretung aller Eltern und Erziehungsberechtigter von Schülern einer Schule. Der Elternbeirat informiert und berät die Eltern und vertritt ihre Interessen, z. B. in Sachen Schulfahrten (gegen das Veto des Elternbeirats können diese nicht stattfinden), Einführung neuer Lernmittel, Unterrichtsgestaltung etc.

3. Je nach verfügbarer Zeit können Sie in den Unterricht Unterlagen zu einem aktuellen Bürgerbegehren (Zeitungsausschnitte, Prospekte, Flyer, Internetseiten) mitbringen und diese mit den TN diskutieren: Was sind die Ziele des Bürgerbegehrens? Würden Sie daran teilnehmen? Warum, warum nicht?

5

1. Die TN arbeiten zu viert oder zu fünft. Jede Gruppe wählt ein Thema, das die Beteiligten interessiert, und sucht dazu Möglichkeiten, wie sie sich einbringen können.

2. Die Gruppen sammeln Informationen und bereiten einen „Pressetermin" vor. Ein Vertreter stellt kurz das Vorhaben vor: Was sind die Aufgaben, wer sind die Vertreter, warum sollte man sich der Bürgerinitiative anschließen / warum sollte man dem Verein beitreten.
Die TN der anderen Gruppen übernehmen die Rolle der Journalisten und stellen ergänzende Fragen. Anschließend können die TN darüber abstimmen, ob sie an der vorgestellten Bürgerinitiative teilnehmen würden bzw. dem Verein beitreten würden oder nicht.

TIPP Machen Sie den TN klar, dass eine solche politische Einflussnahme als ein demokratisches Mittel in Deutschland willkommen und auch üblich ist. Auch ausländische Mitbürger können an Bürgerinitiativen und Bürgerbegehren teilnehmen, Mitglied in einem Verein werden sowie in den Elternbeirat gewählt werden.

6

1. Fragen Sie die TN: Was ist ein „Ausländerbeirat"? Welche Aufgaben hat er? Gibt es in unserer Gemeinde/Stadt einen Ausländerbeirat? Notieren Sie die Antworten der TN in Stichworten an der Tafel.

In Deutschland ist der Ausländerbeirat, ansässig in vielen großen Städten, die einzige offizielle politische Vertretung von Migranten. Weisen Sie die TN auf die Möglichkeit hin, sich an der Wahl der Ausländerbeiräte zu beteiligen. Wählen dürfen alle ausländischen Mitbürger und Mitbürgerinnen. Die

1 Politik in der Demokratie

Wahlen finden alle 4–5 Jahre statt (siehe auch in *Zur Orientierung* Seite 28).

2. Bringen Sie in den Unterricht Informationsmaterial Ihres Ausländerbeirates mit (Prospekte, Broschüren, Internetseiten). Wenn es in Ihrer Gemeinde/Stadt keinen Ausländerbeirat gibt, besorgen Sie Unterlagen eines Ausländerbeirates aus einer Nachbargemeinde/Nachbarstadt. Kopieren Sie das Material viermal bzw. teilen Sie es für vier Gruppen auf.
3. Die TN arbeiten in vier Gruppen. Sie sehen sich das Material an und notieren Punkte zu den Aufgaben des Ausländerbeirats.
4. Die TN führen die Aufgabe in Einzelarbeit aus und überprüfen die Lösung in der Gruppe. Die Gruppen ergänzen ggf. die Listen mit den Aufgaben, präsentieren anschließend ihre Ergebnisse und hängen die Aufgaben im Kursraum auf.
5. Wenn Ihr Ausländerbeirat einen Veranstaltungskalender (gedruckt oder im Internet) anbietet, bringen Sie ihn mit in den Kurs und verteilen Sie ihn. Fragen Sie die TN, welche Veranstaltungen für sie interessant wären, welche sie gern besuchen würden.

7

Informationen finden Sie bei den Landeszentralen für politische Bildung, s. auch Seite 37, letzter Absatz.

Rechtsstaat Deutschland, Bürgerrechte, Bürgerpflichten *Seiten 18 + 19*

Deutschland ist ein Rechtsstaat. Ein Rechtsstaat ist ein Staat, in dem die öffentliche Gewalt (Staatsorgane, Gerichte etc.) an eine unabänderliche und objektive Rechtsordnung gebunden ist. In einem Rechtsstaat ist im Vergleich zum absolutistischen Staat die Macht des Staates durch Gesetze bestimmt und gebunden, um die Bürger und Bürgerinnen vor gesetzloser Willkür zu schützen.

Die Verfassung legt die rechtlichen und politischen Grundlagen eines Staates fest. Die Verfassung der Bundesrepublik Deutschland heißt Grundgesetz. Das Grundgesetz trat am 24. März 1949 nur in den westlichen Besatzungszonen in Kraft. Es war nicht als dauerhafte Verfassung gedacht und wurde deshalb auch nicht so bezeichnet. Durch die Wiedervereinigung am 3. Oktober 1990 ist das Grundgesetz die Verfassung des vereinten deutschen Staates und seiner Bürger geworden.

Eine besondere Bedeutung im Grundgesetz haben die Grundrechte (Menschenrechte), die jeder Mensch gegenüber der Staatsgewalt hat. Zu den Grundrechten gehören z. B. der Schutz der Menschenwürde, die freie Entfaltung der Persönlichkeit, das Recht auf Leben und auf körperliche Unversehrtheit, Gleichberechtigung, Glaubensfreiheit, Meinungsfreiheit, Informationsfreiheit, Pressefreiheit, der Schutz von Ehe und Familie, die Versammlungsfreiheit, das Brief- und Postgeheimnis, Eigentumsrechte, das Asylrecht etc.

Artikel 1–6 sowie Artikel 38 des Grundgesetzes sind auf Seite 77 im Kursbuch abgedruckt. Die Menschenwürde (Artikel 1) ist das Leitprinzip des Grundgesetzes.

Besprechen Sie im Kurs die Begriffe „Grundrechte" und „Bürgerrechte". Während die Grundrechte, v. a. Artikel 1 bis 6, für alle Bürger gelten, beziehen sich die Bürgerrechte (Artikel 8, 9, 11, 12, 33 und 38) auf die deutschen Staatsbürger. Sie werden deshalb auch „Deutschenrechte" genannt. Einige „öffentliche Ämter" dürfen nur von Deutschen ausgeübt werden (Art. 33), z. B. das Richteramt.

TIPP Die Sprache der Gesetzestexte ist nicht immer einfach. Erarbeiten Sie daher bei Bedarf die Bedeutung der einzelnen Begriffe im Kurs. Machen Sie die Begriffe anschaulich, und helfen Sie den TN bei einer „Übersetzung" in die Alltagssprache.
Gehen Sie auch auf die Bürgerpflichten ein (z. B. Art. 6 Abs. 2: Elternpflichten; Art. 7: Schulpflicht; Art. 12a: Wehrpflicht).

1 Politik in der Demokratie

Art. 3 garantiert mit dem „Allgemeinen Gleichbehandlungsgesetz" (AGG) die Gleichbehandlung aller Menschen. Dieses Gesetz – auch Antidiskriminierungsgesetz oder Antidiskriminierungsgebot genannt – untersagt Benachteiligungen aus Gründen der „Rasse", der ethnischen Herkunft, des Geschlechts, der Religion oder der Weltanschauung, einer Behinderung, des Alters oder der sexuellen Identität.

Katalog der Grundrechte:
http://de.wikipedia.org/wiki/Grundrechte;
www.igfm.de

EK
Zur Vertiefung dieses Themas im EK machen Sie Kopiervorlage EK4.

Die Rechtsprechung wird in Deutschland von den Gerichten des Bundes, der Länder und der Gemeinden ausgeübt. Das Bundesverfassungsgericht wacht über die Übereinstimmung der Gesetze mit dem Grundgesetz.

Aufgaben der Gerichte:

Gerichtsbezeichnung	zuständig für
Arbeitsgericht Landesarbeitsgericht Bundesarbeitsgericht	Streitverfahren aus Arbeits- und Tarifverträgen
Finanzgericht Bundesfinanzhof	Streitverfahren wegen Steuern und Zöllen
Amtsgericht (Ober-)Landesgericht Bundesgerichtshof	Zivil- und Strafprozesse
Sozialgericht Landessozialgericht Bundessozialgericht	Streitverfahren mit Sozialversicherungsträgern
Verfassungsgerichte der Länder Bundesverfassungsgericht	Streitverfahren in Verbindung mit dem Grundgesetz bzw. den Landesverfassungen
Verwaltungsgericht Oberverwaltungsgericht Bundesverwaltungsgericht	Streitverfahren mit der öffentlichen Verwaltung

Weitere Informationen:
www.rechtslexikon-online.de

EK
Klären Sie die folgenden Begriffe anhand der Kopiervorlage EK 5:
Verteidiger/Rechtsanwalt, Angeklagter, Richter, Schöffe, Zeuge, Staatsanwalt, Prozess, Urteil.
Gehen Sie auch auf die Begriffe Rechtsschutz und Rechtsweg ein (siehe Glossar Einbürgerungskurs im Kursbuch).

Gehen Sie in diesem Zusammenhang auch auf den Begriff der Strafmündigkeit ein: Kinder unter 14 Jahren sind nicht strafmündig und können nicht vor Gericht gestellt werden. Ab 14 Jahren gilt das Jugendstrafrecht.

PROJEKT Die TN recherchieren, welche Gerichte es an ihrem Wohnort gibt, wann man diese besuchen/besichtigen kann, zu welchen Prozessen Besucher zugelassen sind und wann die Möglichkeit zu einem Prozessbesuch besteht. Die TN sollen kostenlose Informationsbroschüren aus den Gerichten in den Kurs mitbringen.

Berichten Sie bei Interesse über einen Gerichtsprozess. Wählen Sie am besten einen Strafprozess, da nur hier ehrenamtliche Schöffen eingesetzt werden. Alternativ kann für die TN ein arbeitsrechtlicher Fall interessant sein. In diesem Fall müssen Sie die Funktion von Schöffen zusätzlich behandeln.

Ablaufskizze Strafprozess:
1. Straftat (z.B. jemand wird geschlagen)
2. Das Opfer erstattet Anzeige bei der Polizei.
3. Der Staatsanwalt erhebt Anklage gegen den Täter vor Gericht. Der beschuldigte Täter heißt vor Gericht „Angeklagter".
4. Gerichtsprozess mit der Befragung des Angeklagten und von Zeugen durch den Staatsanwalt und den Rechtsanwalt. Geleitet wird der Prozess von einem Richter.
5. Urteilsverkündung durch den Richter. Er muss sein Urteil nach geltendem Recht fällen; er darf nicht nach seiner eigenen Meinung urteilen. Daher beginnt die Urteilsverkündung immer mit dem Satz: „Im Namen des Volkes ergeht folgendes Urteil ...".

1
1. Die TN erklären zuerst bei geschlossenen Büchern die Bedeutung der beiden Wörter „Recht" und „Pflicht".
2. Fragen Sie die TN, welche Rechte und Pflichten ihrer Meinung nach die Menschen in Deutschland haben. Sammeln Sie die Ideen an der Tafel.
3. Die TN führen die Aufgabe in Einzelarbeit aus. Überprüfung und Vergleich im Plenum.
4. Die TN nennen zu den Rechten und Pflichten jeweils ein konkretes Beispiel.

2
1. Fragen Sie die TN zuerst, was die Abbildungen wohl bedeuten. Die TN ordnen die Abbildungen den Sätzen (1–7) zu.
2. Die TN ordnen den Sätzen zu zweit die Rechte und Pflichten zu.

1 Politik in der Demokratie

3. Greifen Sie die am Anfang an der Tafel gesammelten Rechte und Pflichten auf und ergänzen Sie mit den TN die Rechte und Pflichten aus den Aufgaben 1 und 2.
4. Bei Interesse der TN können Sie noch weitere Grundrechte ergänzen (siehe auch in *Zur Orientierung* Seite 27 oben).
5. Sie können auch schon an dieser Stelle den TN das Grundgesetz zeigen und ihnen kurz erklären, dass die Grundrechte/Menschenrechte und die Pflichten im Grundgesetz (GG) verankert sind.

TIPP Die Sprache der Gesetzestexte ist sehr abstrakt. Die TN sollten aber im GG zumindest blättern und ggf. die verschiedenen Rechte (Artikel 1–19) nachsehen. Das Grundgesetz kann über die Bundeszentrale für politische Bildung kostenlos bezogen werden. Die volle Textfassung findet man auch im Internet unter: www.bundesrecht.juris.de.

3

Greifen Sie die Übersicht der Rechte und Pflichten auf, die in Aufgabe 1 und 2 erstellt wurde. Die TN bilden entsprechend ihrer Herkunftsländer Gruppen. Sie notieren, welche Rechte und Pflichten aus der Liste es in ihrem Heimatland gibt und welche nicht. Die Gruppen präsentieren ihre Ergebnisse. Fragen Sie ggf. die Gruppen, warum es wohl die „fehlenden" Rechte/Pflichten nicht gibt.

4

1. Schreiben Sie das Wort „Gericht" an die Tafel. Die TN ergänzen einen Wortigel dazu, z.B. wer arbeitet dort, was passiert dort, welche Straftaten gibt es etc. Klären Sie dabei mit den TN die folgenden Worte: die Haft / das Gefängnis, der/die Verdächtigte, das Urteil, verurteilen, der Prozess, der Richter, der Anwalt.
2. Die TN lesen den Text und lösen die Aufgabe zu zweit. Lassen Sie die TN die Textstellen, wo sie die „Lösung" gefunden haben, markieren.

Der irakische Kurde Lokman Amin Mohammed desertierte aus dem Militärdienst im Irak und kam im Frühjahr 2000 nach München. Bis zu seiner Verhaftung im Dezember 2003 betrieb er ein Reisebüro. Im August 2005 stand er als erster Angeklagter in Deutschland wegen Mitgliedschaft in einer terroristischen Vereinigung vor Gericht. Dieser Tatbestand war nach den Ereignissen im September 2001 in New York neu ins Strafgesetz aufgenommen worden.
Dem 31-Jährigen wurde vorgeworfen, dass er der Terrororganisation Ansar al-Islam angehörte und diese von Deutschland aus unterstützte. Er habe bei der Rekrutierung kampfbereiter Iraker geholfen und Geld und Material für Anschläge beschafft. Die Organisation Ansar al-Islam gilt als die gefährlichste Terrorgruppe im Irak.
Die Verteidiger betonten, dass Lokman Mohammed Anschläge auf die Zivilbevölkerung abgelehnt habe, weil sie nach seiner Überzeugung nicht im Sinne der Scharia seien. Lokman erklärte in seinem Schlusswort, die Scharia verbiete ausdrücklich Selbstmordattentate, und rief alle „Selbstmord-Kandidaten" auf, Selbstmordanschläge zu unterlassen. Beim Senat und der Bundesanwaltschaft bedankte er sich, „dass sie mich tolerant behandelt und meine Gebetszeiten berücksichtigt haben". Der Prozess wurde immer wieder unterbrochen, um dem Angeklagten Gebete zu ermöglichen. Das Gericht verurteilte Lokman Mohammed zu einer Gefängnisstrafe von sieben Jahren.

3. Überprüfen Sie die Lösung mit den TN im Plenum. Die TN vergleichen die Sätze a–f mit den markierten Textstellen.
4. Fragen Sie die TN, was der Begriff „Rechtsstaat", der im Text vorkommt und mit dem Deutschland im Text indirekt charakterisiert wird, bedeutet. Weisen Sie auf das Wort „Recht" hin. Die TN können auch in Gruppen arbeiten und versuchen, eine „Definition" für den Begriff zu formulieren. Anschließend präsentieren alle Gruppen ihre Erklärung.

TIPP Wenn die TN hier nicht nach der genauen Definition des Begriffes „Rechtsstaat" fragen, belassen Sie es bei den Erklärungen der TN. Der Begriff „Rechtsstaat" wird später noch thematisiert und genauer erklärt.

5

1. Klären Sie mit den TN die Begriffe „Recht" (diesmal in der Bedeutung „Gesetze und gesetzliche Normen") und „Rechtsprechung" („das Recht wird ausgesprochen / man spricht das Recht aus"), beschränken Sie sich aber dabei auf die „erste" Bedeutung (s.o.). Der Begriff „Judikative" wird weiter bei der „Gewaltenteilung" zusammen mit den Begriffen „Legislative" und „Exekutive" thematisiert und erklärt.
2. Die TN lösen die Aufgabe a in Einzelarbeit. Überprüfung im Plenum. An diesen kleinen Fällen wird deutlich, wie wir im Alltag mit dem Thema Recht in Berührung kommen.
3. Je nach verfügbarer Zeit können die TN ähnliche Geschichten erzählen, die sie selbst erlebt haben oder die sie im Bekannten- bzw. Freundeskreis gehört haben.
4. Die TN ordnen im Plenum die Gerichte zu.

1 Politik in der Demokratie

TIPP Bei Interesse der TN können Sie die Übersicht der „Aufgaben der Gerichte" (siehe Seite 18 des Lehrerhandbuchs) heranziehen. Dabei ist es wichtig, dass Sie die einzelnen Instanzen kurz erklären: Zunächst klagt man vor dem Gericht einer Gemeinde bzw. eines Gerichtsbezirkes (oft, aber nicht immer identisch). Die höhere Instanz ist dann die Landesebene (z. B. Landesarbeitsgericht), die es allerdings nicht bei allen Gerichtsbarkeiten gibt. Die höchste Instanz ist die auf Bundesebene (z. B. das Bundessozialgericht).

5. Fragen Sie die TN nach weiteren Beispielen für die einzelnen Gerichte oder lassen Sie sie ggf. den „eigenen Fällen" (siehe Schritt 3) das entsprechende Gericht zuordnen.

6

1. Jede Gruppe wählt ein in Aufgabe 5a genanntes „Rechtsgebiet" aus und notiert dazu zwei bis drei mögliche rechtliche Probleme aus dem Alltag.

   Beispiele:

   Strafrecht: Ein Jugendlicher hat im Supermarkt etwas gestohlen.

   Mietrecht: Der Vermieter möchte die Miete erhöhen, obwohl die Wohnung seit mehr als zehn Jahren nicht renoviert wurde und etliche Mängel hat.

   Arbeitsrecht: Ihr Chef hat Ihnen Ihrer Meinung nach unbegründet eine Abmahnung gegeben / Ihnen gekündigt.

   Steuerrecht: Ihr Kind geht seit einem Jahr in den Kindergarten. Sie möchten die Betreuungskosten von der Steuer absetzen.

   Verkehrsrecht: Ihr Freund hat in seinem Heimatland den Führerschein gemacht. Er lebt seit zwei Jahren in Deutschland und fährt auch ein Auto. Bei einer Verkehrskontrolle wurde sein Führerschein nicht anerkannt.

   Familienrecht: Ihre Nachbarn wollen sich scheiden lassen. Der Vater möchte, dass die Kinder bei ihm bleiben, die Mutter auch.

2. Die TN suchen Beratungsstellen für die einzelnen Probleme, notieren wichtige Informationen und präsentieren sie anschließend im Kurs.

TIPP Weisen Sie die TN auf kostenlose Rechtsberatungsstellen in größeren Städten hin. Informieren Sie die TN auch über die Möglichkeit, bei geringem Einkommen Prozesskostenhilfe zu beantragen.

Staatssymbole *Seite 20*

TIPP Behandeln Sie die Staatssymbole der Bundesrepublik Deutschland sowie das Symbol Ihres Bundeslandes, da dies im Einbürgerungskurs abgefragt wird. Die Wappen der einzelnen Bundesländer finden Sie im Kursbuch auf Seite 26. Die Nationalhymne können Sie im Internet unter www.deutschlandlied.de herunterladen, siehe dazu auch Kopiervorlage OK 4.

1 Politik in der Demokratie

Sozialstaat Deutschland *Seiten 21 + 22*

Das Thema Sozialstaat ist aus Sicht der TN eines der wichtigsten Themen im Orientierungskurs. Daher sollten Sie sich praktische Informationen und Informationsmaterial (Adressen und Telefonnummern, Prospekte, Broschüren etc.) von der Migrationsberatung für Erwachsene, Jugendmigrationsdiensten und Migrationsdiensten für länger in Deutschland lebende Ausländer besorgen.

1

1. Fragen Sie die TN: Was verstehen Sie unter dem Wort „sozial"? Was ist für Sie sozial? Welche sozialen Einrichtungen/Institutionen in Deutschland kennen Sie?
Die TN arbeiten in Gruppen und notieren auf größere Kärtchen Stichworte.
2. Schreiben Sie an die Tafel als Überschriften für zwei Spalten: staatlich / nicht staatlich. Die TN ordnen die gesammelten Stichworte zu und hängen diese an der Tafel auf.
3. Die TN führen die Aufgabe im Plenum aus.
4. Fragen Sie die TN nach eigenen Erfahrungen mit den staatlichen Behörden bzw. den nicht staatlichen Organisationen.

Bei Interesse der TN können Sie weitere Informationen über die nicht staatlichen Organisationen ergänzen. Bestimmt sind für viele der TN die Adressen von den staatlichen Ämtern sowie nicht staatlichen Organisationen vor Ort von Interesse. Schreiben Sie die Ämter/Organisationen samt der entsprechenden Adresse auf Zettel und verteilen Sie diese an die TN. Die TN kleben die Zettel auf den Stadtplan aus Modul 0 (siehe Seite 7 „Orientierung in meiner Stadt").

2

Die Migrationsberatung für Erwachsene (MBE) berät Neuzuwanderer und Aussiedler, die älter als 27 Jahre sind und die weniger als drei Jahre in Deutschland leben, weiter auch sog. „Altzuwanderer", also länger hier lebende Migranten in Krisensituationen sowie alle Teilnehmer/-innen von Integrations- und Orientierungskursen, unabhängig von Aufenthaltsdauer und -status.

Das Angebot der MBE wird durch die Jugendmigrationsdienste (JMD) (12–27-jährige Klienten) vervollständigt. Die Fachdienste haben die Aufgaben der früheren sozialpädagogischen Betreuung der Sprachkursteilnehmer/-innen übernommen und bilden die Schnittstellen zu allen Behörden, insbesondere zu den Arbeitsagenturen.

Die nächstgelegene MBE finden Sie nach Postleitzahlen geordnet unter www.bamf.de (Stichwort „Migrationsberatung").

1. Fragen Sie die TN, ob jemand die Migrationsberatung für Erwachsene kennt und ob jemand dort schon ein Beratungsgespräch geführt hat (wenn ja, zu welchem Thema). Die TN berichten. Ergänzen Sie ggf. weitere Informationen über die MBE. Wenn die TN die MBE nicht kennen, informieren Sie sie kurz über die Aufgaben der MBE. Bringen Sie auch Info-Prospekte o. Ä. in den Kurs mit.
2. Die TN hören das Gespräch und kreuzen die richtigen Aussagen an. Überprüfung im Plenum.
In manchen Bundesländern gibt es nur zwei Jahre Anspruch auf das Erziehungsgeld (Bundeserziehungsgeld), in manchen Bundesländern wird das Erziehungsgeld auch im dritten Elternjahr gezahlt (Landeserziehungsgeld). Dies ist jedoch abhängig vom Einkommen der Eltern und vom Einreisezeitpunkt sowie vom Aufenthaltstitel. Elterngeld wird 12 Monate gezahlt, wenn ein Partner zu Hause bleibt; bis zu 14 Monate, wenn sich beide um die Erziehung kümmern. Im Anschluss daran zahlen einige Bundesländer Landeserziehungsgeld aus.

3

1. Die TN arbeiten in Gruppen. Jede Gruppe sucht sich eine staatliche Behörde oder eine nicht staatliche Organisation aus Aufgabe 1 aus und überlegt, mit welchem Anliegen sie sich an die Behörde bzw. Organisation wenden will. Wenn sich die TN dabei schwertun, können sie auch auf die Beispiele in Aufgabe 1 zurückgreifen.
2. Die Gruppen sammeln wichtige Informationen über die Behörde/Organisation und bringen für das ausgewählte Anliegen notwendige Unterlagen (Formulare, Anträge) mit. Jede Gruppe präsentiert die Ergebnisse und beantwortet ggf. Fragen der anderen TN.

4

1. Sammeln Sie mit den TN an der Tafel Stichworte zum Gehaltszettel.
2. Die TN ordnen die Abkürzungen im Plenum zu. Die vier Versicherungen werden in der folgenden Aufgabe näher erklärt. An dieser Stelle können Sie zusätzlich auf den Solidaritätszuschlag hinweisen. Dieser wird von allen Arbeitnehmern gezahlt. Das Geld wird an die ostdeutschen Bundesländer (ehemalige DDR) ausgezahlt und soll für deren Wiederaufbau verwendet werden.

1 Politik in der Demokratie

5

1. Die TN führen die Schritte a und b zu zweit aus. Überprüfung im Plenum.

TIPP Je nach verfügbarer Zeit sollten Sie mit den TN auch das Thema „Arbeitslosigkeit" ansprechen. Vorschläge für eine mögliche Thematisierung und entsprechende Aufgaben siehe Kopiervorlage OK 5 + 6.

Erläutern Sie, dass der Bezug von Sozialhilfe zum Verlust des Aufenthaltstitels führen kann und dass die Sozialhilfe nur als letztes Mittel gilt. Die Sozialhilfeverwaltungen übernehmen keine Schulden. Vor dem Abschluss von Handy-Verträgen und Flatrates bei Telefonanbietern u. Ä. sollten sich Migranten mit kleinem Einkommen deshalb bei der MEB oder bei der Verbraucherzentrale beraten lassen, denn 20% der Migranten sind wegen solcher Kosten verschuldet.

Am Ende der Unterrichtseinheit zum Thema „Sozialstaat" ist der Hinweis wichtig, dass die Bürger zunehmend selbst vorsorgen müssen. Bei der Rentenversicherung können Sie auch auf die Bevölkerungspyramide und auf die private Vorsorge hinweisen (www.destatis.de, Stichwort „Bevölkerung"). Genauere Informationen darüber bieten die Migrationsberatungsstellen oder die Verbraucherzentralen an. Informieren Sie sich über die nächstgelegene Migrationsberatungsstelle und Verbraucherzentrale und teilen Sie den TN die Adressen mit.

6

Weisen Sie die TN auf die Bedeutung der betrieblichen und der privaten Altersvorsorge hin. Die Rente aus der staatlichen Rentenversicherung reicht in aller Regel nicht aus, um die Lebenshaltungskosten eines Rentners zu decken. Die Verbraucherverbände raten, dass die Rente ungefähr 80% des letzten Monatsgehalts betragen sollte. Diesen Wert kann ein Angestellter nur durch eine Kombination aus staatlicher, betrieblicher und privater Altersvorsorge erreichen. In diesem Zusammenhang sind auch die Riester-Rente (für Angestellte) und die Rürup-Rente (für Selbstständige) von Bedeutung.

Bei der Vielzahl privater Anbieter und Altersvorsorgemöglichkeiten ist eine gute Beratung erforderlich.

Eine erste Übersicht über die staatliche Rente sowie über private Vorsorgemöglichkeiten bekommen Zuwanderer bei der Migrationsberatung für erwachsene Zuwanderer.

Das Integrationsportal des Bundes (www.integration-in-deutschland.de) verweist auf das bundesweite Kursangebot „Altersvorsorge macht Schule", das von den Volkshochschulen durchgeführt wird.
In diesen sehr günstigen Kursen können Ihre TN Grundlegendes über die Altersvorsorge lernen – nach dem Integrationskurs, denn zum Verständnis der Kursinhalte sollte man Sprachkenntnisse auf dem Niveau B1 haben.

Sie können die TN auch auf die Beratung der Deutschen Rentenversicherung hinweisen. Diese führt auch an vielen Außenstellen Sprechtage durch, z. B. in den Gemeindeämtern. Die Berater helfen auch bei der sogenannten Kontenklärung, also der Prüfung erworbener Ansprüche. Diese ist wiederum Voraussetzung für die jährliche Rentenmitteilung, aus der man ersehen kann, ob man eine Rente erwarten kann und wie hoch diese voraussichtlich ist.

Machen Sie Ihre TN auch auf das Beratungsangebot der Verbraucherzentralen zur privaten Altersvorsorge aufmerksam. Dort erhält man Informationen zu günstigen Anbietern, unter Berücksichtigung des persönlichen Bedarfs.

Soziale Marktwirtschaft *Seiten 23–25*

Das Thema „Soziale Marktwirtschaft" ist zwischen Sozialstaat, Recht, Wirtschaft und Geschichte angesiedelt, wobei das Thema „Wirtschaft" nicht für den Orientierungskurs vorgesehen ist. Da manche TN am Anfang ihres Aufenthaltes mangels Erfahrung und wegen geringer Deutschkenntnisse schlechte Erfahrungen mit bestimmten Arbeitgebern gemacht haben, ist dieser Teil für sie wichtig. Die TN lernen, dass sie bestimmte Rechte haben und dass sie sich an die Vertreter der Arbeitnehmer/-innen in einem Unternehmen wenden können. Durch die Mitgliedschaft in einer Gewerkschaft oder am Arbeitsgericht erhalten sie eine günstige Rechtsberatung.

Weitere Informationen zum Thema Betriebsrat:
http://de.wikipedia.org/wiki/Betriebsrat;
www.betriebsrat.com;
www.betriebsrat-ist-besser.dgb.de
Weitere Informationen zum Thema Arbeitgeberverbände und Gewerkschaften:
www.dav-ev.de; www.dgb.de; www.verdi.de;
www.igmetall.de; www.gew.de; www.igbau.de;
www.igbce.de; www.ngg.net; www.gdp.de;
www.transnet.org; www.de.wikipedia.org/wiki/Arbeitgeberverband; www.de.wikipedia.org/wiki/Gewerkschaft
Weitere Informationen zum Thema „Soziale Marktwirtschaft":
www.dhm.de; www.insm.de; www.bpb.de;
www.bmwi.de

1 Politik in der Demokratie

1

1. Fragen Sie die TN, was auf den Abbildungen zu sehen ist. Die TN arbeiten in zwei Gruppen: Eine Gruppe macht einen Wortigel zum Thema „Arbeitsbedingungen früher", die andere zum Thema „Arbeitsbedingungen heute". Die TN vergleichen beide Wortigel.
2. Die TN lösen die Aufgabe in Einzelarbeit. Überprüfung im Plenum.
3. Fragen Sie die TN nach den Arbeitsbedingungen in ihrer Firma.

2

1. Fragen Sie die TN: Was ist/macht der Betriebsrat?
2. Die TN lösen die Aufgabe a zu zweit. Überprüfung im Plenum.
3. Die TN erklären die Bedeutung der beiden Begriffe „Abmahnung" und „Betriebsrat" mit eigenen Worten.
Der Betriebsrat vertritt die Interessen der Arbeitnehmer in privaten Betrieben. Ein Betriebsrat kann in Betrieben mit mindestens fünf ständigen Arbeitnehmern gegründet werden.
4. Fragen Sie die TN, ob es in ihrer Firma einen Betriebsrat und regelmäßige Betriebsratversammlungen gibt.
5. Die TN hören das Gespräch (ggf. zweimal) und kreuzen an.
6. Die TN arbeiten in kleinen Gruppen. Sie überprüfen die Lösung und fassen das Gespräch kurz schriftlich zusammen.

3

1. Die TN informieren sich in der eigenen Firma über den Betriebsrat. Sie ordnen die gesammelten Informationen und bringen diese in den Unterricht mit.
2. Die TN halten kurze Referate und tauschen anschließend Informationen aus.

4

1. Die TN sehen sich die Abbildungen an und stellen Vermutungen an, was auf den Abbildungen zu sehen ist. Fragen Sie die TN nach einem gerade aktuellen Arbeitskampf: Wer streikt? Worum geht es? Bringen Sie ggf. Schlagzeilen aus den Zeitungen mit und besprechen Sie diese mit den TN.

Abbildungen von links: Tarifverhandlungen zwischen Arbeitgebern und Arbeitnehmern, hier symbolisiert durch Hut und Helm; Warnstreik der Industriegewerkschaft Metall (IGM) im Rahmen der Tarifauseinandersetzung zwischen Arbeitgebern und Arbeitnehmern.

2. Machen Sie mit den TN einen Wortigel / ein Assoziogramm an der Tafel zum Thema „Gewerkschaften": Wen vertreten sie? Was sind deren Aufgaben? Mit wem verhandeln sie?
3. Die TN führen die Aufgabe in Einzelarbeit aus.
4. Fragen Sie die TN, ob sie schon einmal den Begriffen „Tarifverträge" und „Tarifverhandlungen" begegnet sind, und wenn ja, bei welchen Gelegenheiten.

5

1. Die TN arbeiten in zwei Gruppen. Eine Gruppe sammelt Stichworte zum Thema „Was ist sozial gerecht?", die andere Gruppe zum Thema „Was ist sozial ungerecht?".
2. Die Gruppen tragen ihre Ergebnisse vor und vergleichen sie.
3. Fragen Sie die TN, was der Begriff „soziale Marktwirtschaft" wohl bedeutet.
4. Die TN lesen den Text und fassen die einzelnen Absätze in je einem Satz zusammen.
5. Die TN führen die Aufgabe b in Einzelarbeit aus und überprüfen die Lösung mit einem Partner / einer Partnerin.
6. Die TN führen die Aufgabe c zu zweit aus. Überprüfung im Plenum.
7. Die TN arbeiten in zwei Gruppen. Eine Gruppe sammelt Ideen zu den Vorteilen der sozialen Marktwirtschaft, die andere Gruppe Ideen zu den Nachteilen.

Vorteile z. B.: soziale Leistungen, feste Arbeitszeiten, Kündigungsschutz, Unterstützung bei Arbeitslosigkeit etc.
Nachteile z. B.: soziale Leistungen sind teuer, weniger Flexibilität der Betriebe wegen Kündigungsschutz, hohe Personalkosten, Verbindlichkeiten der Tarifverträge etc.

8. Beide Gruppen führen eine Diskussion zum Thema „Soziale Marktwirtschaft". Übernehmen Sie die Rolle des Moderators / der Moderatorin.

Wissen *Seiten 26–28*

TIPP Wenn Sie die administrative Verwaltung und die Zuständigkeiten für verschiedene Aufgaben in Deutschland noch einmal thematisieren und anschaulich darstellen möchten, verteilen Sie die Kopiervorlage OK 7. Ihre TN fassen hier noch einmal das, was sie in Modul 1 gelernt haben, zusammen.

2 Geschichte und Verantwortung

Erklären Sie den TN, dass Grundkenntnisse über die neue deutsche Geschichte für das Verständnis des heutigen Deutschland wichtig sind. Aufgrund des zeitlichen Rahmens des Orientierungskurses kann die deutsche Geschichte hier allerdings nur skizzenhaft, vereinfacht und in einer Auswahl dargestellt werden. Es wurde versucht, die geschichtlichen Tendenzen und Zusammenhänge objektiv wiederzugeben.

Bei Interesse der TN an konkreten Ereignissen können Sie diese selbstverständlich näher thematisieren und erklären. Informationen zur deutschen Geschichte können Sie z. B. im Internet unter www.dhm.de nachsehen.

1

Die Seite 29 führt in das Modul 2 ein. Sie können wie auf Seite 6 verfahren.

Abbildungen:
a: Mauerbau in Berlin, 1961
b: Truppenparade in der Zeit des Nationalsozialismus
c: Panzerschlacht im Zweiten Weltkrieg
d: Feiernde Menschen nach der Öffnung der DDR-Grenze in Berlin am Brandenburger Tor
e: Die Staatschefs der alliierten Länder Churchill (GB), Roosevelt (USA) und Stalin (UdSSR) (unten, von links nach rechts) auf der Konferenz von Jalta im Februar 1945, drei Monate vor dem Ende des Zweiten Weltkriegs in Europa. Thema der Konferenz war die Neuordnung Deutschlands und Europas nach Kriegsende.
f: Lager der DDR-Flüchtlinge in der Botschaft der Bundesrepublik Deutschland in Prag. Im Sommer 1989 flüchteten zahlreiche DDR-Bürger in den Ländern des Warschauer Pakts in westdeutsche Botschaften. Am 30. September durften die Flüchtlinge in der Prager Botschaft nach Westdeutschland ausreisen. Sie wurden mit Sonderzügen über das Gebiet der DDR in die Bundesrepublik Deutschland gebracht, siehe dazu auch Abbildung 3 im Kursbuch, Seite 36.
g: Euromünzen und Euroscheine
h: Karte der zwei deutschen Staaten zwischen 1949 und 1990

EK
Im Einbürgerungskurs sind neben den geschichtlichen Themen des Orientierungskurses folgende Themen vorgeschrieben:
– Erstes gesamtdeutsches Parlament in der Frankfurter Paulskirche (1848)
– Deutsches Kaiserreich und dessen Ende nach dem Ersten Weltkrieg.
Sie können diese Themen mit den Kopiervorlagen EK 6–9 behandeln.

Nationalsozialismus und der Zweite Weltkrieg *Seiten 30 + 31*

Für den Aufstieg der NSDAP und deren Machtübernahme gab es mehr Ursachen, als hier dargestellt werden können. Das Material beschränkt sich deshalb auf die zwei markantesten: die nationalistischen Tendenzen in der Bevölkerung und die wirtschaftlich schwierige Lage. Der Verlauf des Zweiten Weltkrieges ist nicht Gegenstand des Orientierungskurses und wird daher hier nicht behandelt.

1 + 2

1. Besprechen Sie mit den TN die Abbildungen. Die TN stellen Vermutungen an, welche Ereignisse wohl dargestellt sind.

   Abbildungen oben: Wahlergebnisse 1928–1933 (Die NSDAP wurde immer stärker. Unter „Sonstige" sind viele kleinere Parteien zusammengefasst, was eine Regierungsbildung erschwerte. Es waren v. a. diese Parteien, die bis 1933 Stimmen an die NSDAP verloren.); Wahlplakate aus den letzten Jahren der Weimarer Republik („Der Arbeiter" = SPD; „Unsere letzte Hoffnung" = NSDAP); Hitler als Reichskanzler bei einer Rede im Reichstag.
   Abbildungen links (von oben): „Kristallnacht"; Überfall auf Polen; Juden im Konzentrationslager; Landung der alliierten Truppen an der französischen Atlantikküste; Attentatsversuch auf Hitler (zerstörtes Sitzungszimmer im Führerhauptquartier „Wolfsschanze" bei Rastenburg in Ostpreußen); Einmarsch der russischen Armee in Berlin (Sowjetische Soldaten hissen die sowjetische Flagge auf dem Reichstag.).

2. Sammeln Sie mit den TN weitere Informationen zum Nationalsozialismus und zum Zweiten Weltkrieg.

3. Fragen Sie die TN, was sie zum Thema „Holocaust" wissen, und machen Sie an der Tafel einen Wortigel. Halten Sie die Informationen auf einem Flipchart fest, sie können ggf. bei dem vorgeschlagenen Projekt (siehe Aufgabe 3) als Grundlage eingesetzt werden.

Mit dem Begriff „Holocaust" wird der Völkermord an etwa sechs Millionen Juden während des Nationalsozialismus, weiter auch die systematische Ermordung von Zigeunern (Sinti, Roma, Jenische), Behinderten, Zeugen Jehovas, Homosexuellen, politischen Intellektuellen, sowjetischen Kriegsgefangenen und Angehörigen anderer, v. a. slawischer Völker, bezeichnet. Menschen, die einer dieser Gruppen angehörten, wurden aufgrund ihrer bloßen Existenz zur Ermordung vorgesehen.

2 Geschichte und Verantwortung

4. Die TN lesen die Texte, ordnen diese den Abbildungen zu und vergleichen die Ergebnisse zu zweit mit der Zeitleiste in *Zur Orientierung* auf den Seiten 40–41.
5. Ergänzen Sie ggf. mit den TN die genauen Daten bei den gesammelten Informationen zum Nationalsozialismus und zum Zweiten Weltkrieg in Schritt 2. Als Hilfe können die TN die Zeitleiste auf den Seiten 40–41 heranziehen.

3

1. *Variante 1:* Klären Sie gemeinsam mit den TN die Begriffe „Diktatur", „Antisemitismus" und „Verfolgung".
   Variante 2: Die TN können auch in zwei Gruppen arbeiten, zu den Begriffen „Diktatur" und „Antisemitismus" einen Wortigel erstellen und diesen anschließend im Kurs präsentieren und beschreiben.
2. Die TN lesen die Texte und lösen die Aufgabe in Einzelarbeit.
3. Fragen Sie die TN, ob auch in ihrem Heimatland irgendwann eine Diktatur geherrscht hat, es Verfolgungen bestimmter Minderheiten oder anders denkender Menschen gab. Die TN berichten kurz. Wenn Sie mit den TN das folgende Projekt durchführen möchten, können Sie diesen Schritt weglassen.

PROJEKT Die TN arbeiten in Gruppen (zusammengesetzt nach Heimatländern der TN) und sammeln Informationen über die Ereignisse im eigenen Heimatland während des Zweiten Weltkriegs: Hat das Heimatland aktiv am Krieg teilgenommen? War das Heimatland von den Kriegsereignissen betroffen? Wie war die Haltung gegenüber den Juden – wurden sie verfolgt oder wurde ihnen Asyl gewährt? Wurde der Alltag durch den Krieg in irgendeiner Weise beeinflusst? Die Gruppen berichten darüber kurz im Kurs.

4

1. Fragen Sie die TN, ob jemand eine/eins der abgebildeten Gedenkstätten/Denkmäler kennt und/oder besucht hat. Die TN berichten kurz: Woran wird man hier erinnert? Was ist damals genau passiert? Hat ihnen die Gedenkstätte / das Denkmal gefallen? Warum ja, wenn nein, warum nicht?
2. Die TN lesen die Texte, unterstreichen die Namen der Gedenkstätte / des Denkmals und ordnen die Texte den Abbildungen zu.

   Abbildungen von links: Holocaust-Denkmal Berlin; Konzentrationslager in Dachau bei München; „Flugblätter" der Widerstandsgruppe „Die Weiße Rose" in München; Denkmal zur Bücherverbrennung in Berlin.

3. In den Texten werden drei „Gruppen" der Widerstandsbewegung in Deutschland genannt. Die TN lesen die Texte noch einmal und versuchen, diese zu benennen.
   1. *Künstler*, die mit dem nationalsozialistischen Regime nicht einverstanden waren und es kritisiert haben, wurden verfolgt, ihre Werke verboten. Deshalb haben viele Schriftsteller und andere Künstler Deutschland verlassen oder sich ins sogenannte „innere Exil" zurückgezogen.
   2. *Widerstandsgruppen:* Deren Mitglieder haben im Verborgenen gearbeitet; als ein weiteres Beispiel neben der *Weißen Rose* sei hier der *Kreisauer Kreis* genannt; mehr Informationen z. B. unter www.dhm.de/lemo/, Stichwort „Widerstand" von 1939–1945.
   3. *Politische Gegner* allgemein.

   Zum Thema „Widerstand" gehört auch das in Aufgabe 1 erwähnte Attentat auf Hitler, das die Gruppe um Graf von Stauffenberg verübt hat. Bei Interesse der TN können Sie das Thema des deutschen Widerstandes gegen das NS-Regime vertiefen und weitere Informationen und Materialien in den Unterricht mitbringen.

4. Fragen Sie die TN, ob jemand eine andere NS-Gedenkstätte kennt bzw. diese auch besucht hat. Die TN erzählen von ihren Eindrücken.

TIPP Viele TN haben großes Interesse am Besuch einer KZ-Gedenkstätte, um mehr über die Zeit vor 1945 zu erfahren. Informieren Sie die TN kurz über diese Möglichkeit und weisen Sie darauf hin, dass ein solcher Besuch wegen der gezeigten Inhalte meist erst ab 14 Jahren möglich ist. Adressen von Gedenkstätten in Ihrer Nähe finden Sie unter: http://www.fritz-bauer-institut.de/links/gedenkstaetten.htm.

5

1. Wiederholen Sie mit den TN, was das Grundgesetz ist und was darin steht.
2. Die TN lesen das Zitat.
3. Führen Sie mit den TN eine Diskussion über den Text: Warum steht dieser Text im Grundgesetz? Was heißt das für die Bürger und Bürgerinnen in Deutschland?

Der Text wurde als „Erinnerung" an die zwei von den Deutschen entfachten Kriege aufgenommen: Es soll für alle Zeiten vermieden werden, dass in Deutschland noch einmal ein diktatorisches Regime die Macht ergreift, dass Menschen wegen ihrer (politischen) Meinung, ihrer Rasse usw. (siehe Zitat) verfolgt oder sogar ermordet werden. Mit dem Zitat soll gezeigt werden, dass die Erinnerung an die Gräueltaten in Deutschland nicht erloschen ist und Deutschland um den Frieden in der ganzen Welt bemüht ist.

2 Geschichte und Verantwortung

Deutschland – die Nachkriegsjahre

Seiten 32 + 33

Auch wenn das Alltagsleben in den Nachkriegsjahren für viele Deutsche sehr schwierig war, sollte nicht vergessen werden, dass Deutschland das Täterland und nicht das Opferland war.

Das Kriegsende und der Neuanfang werden in Geschichtsbüchern oft als Stunde null bezeichnet. Dabei wird jedoch die Tatsache verschwiegen, dass manche Nationalsozialisten sowie einige von dem NS-Regime profitierende Unternehmer auch am Neuaufbau Deutschlands direkt beteiligt waren. Eine differenziertere Geschichtsbetrachtung ist allerdings auf der Grundlage dieses Orientierungskurses nicht möglich.

1

1. Fragen Sie die TN, wann Deutschland kapituliert hat und der Zweite Weltkrieg zu Ende ging. Wer waren die Siegermächte?
   In einigen Ländern gilt der 8. Mai als offizieller Feiertag.
2. Die TN lesen die Texte und führen die Aufgabe in Einzelarbeit oder zu zweit durch. Überprüfung im Plenum.
3. Fragen Sie die TN, was sie über diese Ereignisse wissen.

2

1. Die TN stellen Vermutungen über die Abbildung und über die Überschrift „Der Schokoladenonkel" an.
2. Die TN sehen sich die Abbildungen in b an und beschreiben diese.

   Abbildungen obere Reihe, von links: Trümmerfrauen räumen die Trümmer der zerbombten Häuser weg; zerstörter Straßenzug in Berlin 1945; volle Schaufenster nach der Währungsreform 1948.
   Abbildungen untere Reihe, von links: Entladen eines Flugzeugs am Berliner Flughafen während der Blockade Berlins; Tauschgeschäfte auf dem Schwarzmarkt; Lebensmittelkarte.

3. Die TN hören den Text und führen die Aufgabe in Einzelarbeit aus.
4. Die TN hören den Text noch einmal und notieren Stichworte zu den einzelnen Abbildungen.
5. Die TN erzählen kurz, was über die Ereignisse gesagt wurde.
   Der Hörtext basiert auf einer wahren Geschichte, die hier nacherzählt wird.

3

1. Die TN ordnen die Begriffe a–d zuerst den Abbildungen in Aufgabe 2b, danach den Texten zu.
2. Fragen Sie die TN: Gab es in Ihrem Land eine vergleichbare Situation wie die Stunde null in Deutschland? Haben Sie oder Ihre Familienangehörigen bzw. Freunde ähnliche Erfahrungen gemacht? Stellen Sie diese Frage nur dann, wenn Sie sich sicher sind, dass die TN die eigenen schmerzhaften Erfahrungen und Erinnerungen verkraften können. Viele Kursteilnehmer z. B. aus den Balkanländern haben selbst einen Krieg miterlebt. Diese TN verstehen manche Ereignisse wie die Vergabe von Lebensmittelkarten, die typisch für Nachkriegszeiten sind, ohne dass viele Erklärungen notwendig sind.

2 Geschichte und Verantwortung

Von der Teilung bis zur Wiedervereinigung *Seiten 34–36*

Je nach Alter haben die TN einen anderen Bezug zu der Zeit zwischen 1945 und 1990. Während z. B. Menschen mittleren Alters aus den osteuropäischen Ländern die Ereignisse im Osten, die zur Wiedervereinigung führten, in den eigenen Ländern durch entsprechende Veränderungen erlebt haben, kennen jüngere Leute Schlagworte wie „Glasnost" (aus dem Russischen, bedeutet soviel wie „Transparenz") und „Perestroika" (aus dem Russischen, bedeutet soviel wie „Umbau") nur aus Erzählungen.

1
1. Die TN sehen sich die Abbildungen an und stellen Vermutungen über die abgebildeten Ereignisse an.
2. Die TN lesen die Texte und entscheiden, ob das beschriebene Ereignis zur Geschichte der DDR oder der Bundesrepublik Deutschland gehört. Lassen Sie die TN in den Texten die Begriffe unterstreichen, die wichtig für die Geschichte der beiden Länder sind (z. B. die Begriffe „Fünfjahresplan", „Marshallplan" etc.).
3. Die TN überprüfen im Plenum die Lösung und ordnen die Abbildungen den Ereignissen zu.

   Abbildungen links (Bundesrepublik Deutschland) von oben nach unten:
   Werbeplakat für den Marshallplan; Beitritt der Bundesrepublik Deutschland zur NATO; Studentendemonstration Ende der 1960er-Jahre; Unterzeichnung der sogenannten Ostverträge; Symbol der Umweltschutzaktivisten gegen den Bau von Atomkraftwerken; Olympische Spiele in München 1972.

   Abbildungen rechts (DDR) von oben nach unten:
   Unterzeichnung des Warschauer Pakts; „Erfüllung des Fünfjahresplans"; Arbeiter-Demonstration am 17.6.1953; Bau der Berliner Mauer; Treffen von Bundeskanzler Willy Brandt mit dem Vorsitzenden des Ministerrats der DDR, Willi Stoph, in Erfurt 1970.

4. Fragen Sie die TN, ob es ähnliche Ereignisse in der Geschichte ihres Landes gab.

2
1. Die TN ordnen zu zweit die Schlagzeilen den Abbildungen zu und notieren Stichworte zu den einzelnen Ereignissen.
2. Überprüfen Sie die Lösung mit den TN im Plenum. Sammeln Sie die Informationen zu den Ereignissen, die die TN notiert haben, an der Tafel.
3. Ergänzen Sie ggf. die Informationen mittels folgender Website:
   www.dhm.de/lemo/html/DieDeutscheEinheit/Wiedervereinigung/index.html

3
1. Die TN hören den Text (ggf. zweimal) und notieren die Namen.
2. Fragen Sie die TN: Wie sehen Sie die Wiedervereinigung? Welche Reaktionen gab es in Ihrem Land auf die deutsche Wiedervereinigung?

TIPP Als Zusammenfassung und Wiederholung markieren die TN im Buch auf den Seiten 34–36 die Ereignisse von der Teilung bis zur Wiedervereinigung farbig: Ereignisse, die in der Bundesrepublik Deutschland passiert sind, blau, und Ereignisse, die in der ehemaligen DDR passiert sind, rot.
Weitere Informationen:
www.hdg.de; www.dhm.de; www.wikipedia.de

Zahlreiche Filme zum Thema Geschichte sind über www.landesfilmdienste.de zu beziehen. Ein Filmtipp zum Thema „Wiedervereinigung" aus der Sicht der DDR ist „Good bye, Lenin" (http://www.good-bye-lenin.de/intro.php).

2 Geschichte und Verantwortung

Die Geschichte der Migration nach Deutschland Seiten 37 + 38

Dieses Thema ist Gegenstand des Einbürgerungskurses. Da es erfahrungsgemäß aber für viele Orientierungskurs-TN interessant ist, sollte es bei Bedarf behandelt werden. Diese Doppelseite bietet einen Übergang vom Thema „Geschichte" zum Thema „Gesellschaft" und ist außerdem eine Hinführung zum Thema „Europäische Union". Die „Geschichte der Migration" soll den TN klarmachen, dass geschichtliche Ereignisse immer auch zu Migrationsbewegungen führen. So mussten zwischen 60 und 80 Millionen Menschen in der ersten Hälfte des 20. Jahrhunderts allein in Europa ihre Heimat verlassen. Eine neue Dimension erreichten Flucht und Vertreibung aufgrund des Zweiten Weltkriegs. Deutschland war mit bis zu 14 Millionen Flüchtlingen und Vertriebenen betroffen. Nach 1945 gab es in Deutschland vier große Migranten-Gruppen: Gastarbeiter, Asylbewerber, Spätaussiedler und Kontingentflüchtlinge.
Weitere Informationen:
www.dah-bremerhaven.de (Deutsches Auswandererhaus).

1

1. Die TN arbeiten in kleinen Gruppen und notieren Stichpunkte zu den Fragen.
2. Die Gruppen präsentieren ihre Ergebnisse. Sammeln Sie die Stichpunkte an der Tafel.
   Die typischen Gründe, warum Menschen ihr Land verlassen, sind Bürgerkrieg, politische Verfolgung und die wirtschaftliche Situation eines Landes.
3. Die TN sehen sich die ersten drei Abbildungen an und stellen Vermutungen an, warum die Menschen wohl nach Deutschland gekommen sind. An dieser Stelle sollen v.a. die Gründe der Migration erörtert werden. Weitere Informationen zu den drei dargestellten Migrationsgruppen werden in Aufgabe 3 vermittelt.

   Abbildungen von links: Flucht der Hugenotten (Sie wurden im 17. Jahrhundert in Frankreich wegen ihrer Religion verfolgt und sind deshalb u. a. nach Deutschland ausgewandert.); Gastarbeiter am Bahnhof (Sie kamen in den 1950er-Jahren wegen der Arbeitsmöglichkeiten nach Deutschland.); Migranten aus der Ukraine, die mit dem Bus ihre ehemalige Heimat besuchen (meistens Spätaussiedler oder Kontingentflüchtlinge); Plakataktion gegen Ausländerfeindlichkeit

4. Besprechen Sie mit den TN das Plakat: Wer könnte der Autor sein? Warum hat wohl jemand diesen Text geschrieben? Je nach Zeitmöglichkeiten können die TN zu zweit das Gedicht „weiterschreiben", z. B.:
   Dein Döner türkisch, Dein Tee indisch, Deine Möbel schwedisch etc.

2

1. Die TN lesen die Namen auf den Klingeln und stellen Vermutungen an, woher die Menschen wohl kommen. Woher kommen die Nachbarn der TN?
2. Die TN hören die Interviews (ggf. zweimal) und notieren Stichworte in der Tabelle.
3. Überprüfen Sie die Lösung mit den TN im Plenum.
4. Die TN notieren Stichworte zu ihrer eigenen Person und erzählen kurz im Kurs.
5. Fragen Sie die TN nach ihren ersten Eindrücken, als sie in Deutschland ankamen.

3

1. Greifen Sie auf die Abbildungen in Aufgabe 1 zurück: Die TN suchen zu den drei Abbildungen passende Texte (Hugenotten – Text 1; Gastarbeiter – Text 4; Ukrainer – Text 7 oder 8).
2. Die TN lesen alle Texte, unterstreichen die Schlüsselwörter und tragen die Informationen in die Karte ein.
   In den 1970er- und vor allem 1980er-Jahren kamen viele Arbeitskräfte aus Vietnam in die damalige DDR.

   Die Bedingungen für die Zuwanderung, das Aufenthaltsrecht und die Integrationsförderung bestimmt das Zuwanderungsgesetz vom 1.1.2005.

3. Fragen Sie die TN, in welchen Bundesländern wohl die meisten Ausländer wohnen und warum.

   Den höchsten Ausländeranteil haben die folgenden Bundesländer (Angaben aus dem Jahr 2004):
   Hamburg (14,1 %), Berlin (13,4 %),
   Bremen (12,8 %), Baden-Württemberg (12,0 %) und Hessen (11,4 %).
   Den niedrigsten Ausländeranteil haben die folgenden Bundesländer (Angaben aus dem Jahr 2004): Sachsen-Anhalt (1,9 %), Thüringen (2,0%), Mecklenburg-Vorpommern (2,3 %), und Brandenburg (2,6 %).

TIPP Wenn Sie das Thema „Einwanderung" noch eingehender behandeln möchten, steht Ihnen hierfür die Kopiervorlage OK 8 zur Verfügung.

4

Die TN berichten im Kurs.

2 Geschichte und Verantwortung

Europäische Union Seite 39

Diese Seite behandelt die Europäische Union, die zurzeit viele politische und gesellschaftliche Veränderungen durchmacht. Sie sollten die Angaben daher möglichst durch aktuelles Material ergänzen.

1

1. Fragen Sie die TN bei geschlossenen Büchern, welche Symbole sie mit Europa verbinden. Machen Sie einen Wortigel / ein Assoziogramm an der Tafel:

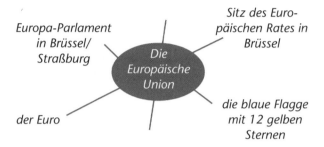

2. Die TN öffnen ihre Bücher und lösen das Quiz zu zweit. Überprüfung im Plenum.

TIPP Sie können auch die europäische Hymne („An die Freude") im Kurs vorspielen. Verteilen Sie auch die Kopiervorlagen OK 9 + 10 an die TN.

2

1. Fragen Sie die TN, welche Mitgliedstaaten die EU hat.
   Weitere Verhandlungen über den Beitritt zur EU führen Kroatien, Mazedonien und die Türkei.

2. Die TN führen die Aufgabe in Einzelarbeit aus. Überprüfung im Plenum. Kopieren Sie dazu die Karte auf Folie und ergänzen Sie diese gemeinsam mit den TN als Überprüfung.

TIPP

Die TN arbeiten in Gruppen (zusammengesetzt nach den Herkunftsländern der TN), sammeln Informationen zu den drei Fragen und präsentieren sie im Kurs.

3 Mensch und Gesellschaft

Das alles ist Deutschland Seite 43

Dieses Thema ist Gegenstand des Einbürgerungskurses. Da es erfahrungsgemäß aber für viele Orientierungkurs-TN interessant ist, sollte es bei Bedarf behandelt werden.
Diese Seite führt in das Modul 3 ein. Sie können verfahren wie auf Seite 6.

Abbildungen:

a Begrüßung per Handschlag; b Moschee in Deutschland; c Skigebiet in den Alpen; d junge (Durchschnitts-)Familie mit zwei Kindern; e Umschlag eines Dialektwörterbuchs (steht für die sprachliche Vielfalt in Deutschland); f Schulunterricht: Blick in ein Klassenzimmer; g Skyline der europäischen Finanzmetropole Frankfurt; h junge Frau in Tracht; i Abbildung einer Hausordnung als Beispiel dafür, dass in Deutschland viele Dinge „geregelt" sind und man sich auch daran hält bzw. halten muss; j homosexuelles Paar, steht für die Freizügigkeit in Deutschland, seinen Partner frei zu wählen; k Zeitungsmeldung für ein interkulturelles Ereignis, stellvertretend für viele interkulturelle Aktivitäten in Deutschland; l Schild einer Volkshochschule als Zeichen für außerschulische Bildungsmöglichkeiten; m Kölner Dom mit Hohenzollernbrücke; n junger Vater mit seinem Kind auf dem Spielplatz, steht für ein verändertes Erziehungsbild in Deutschland; o Doktorhut; p Seebad Binz auf der Insel Rügen; q Schild in einem Park mit folgenden Verboten: nicht grillen, kein offenes Feuer, nicht zelten bzw. übernachten, keine Feste.

Regionale Vielfalt Seiten 44 + 45

Die TN werden in das Thema „Kultur" über die Alltagskultur, „Mensch und Gesellschaft", über die Regionalkultur und über verschiedene „regionale Gesichter" eingeführt. Setzen Sie den Schwerpunkt je nach Bundesland oder Region, in dem / in der der Orientierungskurs stattfindet. Die TN sollten allerdings auch einen allgemeinen Überblick über die verschiedenen Regionen und deren Besonderheiten erhalten.

Weitere Informationen und Zusatzaufgaben zum Thema Dialekt z. B. auf:
www.daf.uni-mainz.de/melk.htm
(Stichwort „Dialekt")

Weitere Informationen zu den Bundesländern z. B. über:
www.deutschland-tourismus.de;
www.tatsachen-ueber-deutschland.de

1

1. Fragen Sie die TN, welche Städte, Regionen usw. sie kennen und welche ihnen gut gefallen (haben).
2. Die TN sehen sich die Abbildungen an. Fragen Sie, ob jemand die abgebildeten Städte, Landschaften und Gebirge kennt oder besucht hat.
3. Die TN notieren die Nummern der Abbildungen auf der Karte.
4. Fragen Sie die TN, was sie über die Geografie Deutschlands wissen. Sammeln Sie Stichworte an der Tafel.

TIPP Sie können auch ein Quiz mit den TN durchführen: Die TN arbeiten in kleinen Gruppen; jede Gruppe bekommt ein Exemplar der Kopiervorlage OK 11 und versucht, die Aufgaben möglichst schnell zu lösen. Bringen Sie auch eine geografische Karte Deutschlands mit. Wenn die TN die richtige Antwort nicht wissen, dürfen sie auf der Karte nachsehen.

5. Die TN erzählen, was für sie an ihrer Region typisch ist.

2

1. Fragen Sie die TN, was ein Dialekt ist und ob es auch in ihrer Sprache Dialekte gibt.
2. Die TN hören die Gespräche und führen die Aufgabe a in Einzelarbeit aus. Bei den „nicht deutschen" Gesprächen notieren sie, um welche Sprache es sich handelt.
3. Die TN hören die Gespräche 1, 3, 5 und 6 noch einmal und ordnen die Dialekte zu.
4. Die TN ergänzen die Dialekte auf der Karte.
5. Die TN hören die Gespräche noch einmal und versuchen, die Dialektausdrücke zu notieren. Wie würde dieses Gespräch in dem Dialekt ihrer Region klingen?

3

Sammeln Sie mit den TN Dialektausdrücke an der Tafel. Sie können ggf. auch Dialektwörterbücher (z. B. Deutsch – Sächsisch, Deutsch – Berlinisch usw.) mitbringen und die TN darin bestimmte Wörter nachschlagen lassen.

4

Die TN nennen die Länder, in denen Deutsch offizielle Amtssprache ist:
in Deutschland, Österreich und in der Schweiz (weitere Amtssprachen: Italienisch und Französisch), im Großherzogtum Luxemburg (weitere Amtssprachen: Französisch und Letzeburgisch) sowie in Belgien und im Fürstentum Liechtenstein.

3 Mensch und Gesellschaft

5

1. Machen Sie mit den TN einen Wortigel / ein Assoziogramm an der Tafel zum Thema „Essen in Deutschland": Wann und wo isst man in Deutschland typischerweise die Hauptmahlzeiten? Was ist „typisch deutsches" Essen?
2. Die TN führen die beiden Schritte der Aufgabe zu zweit aus. Überprüfung im Plenum.
3. Haben die TN schon einmal eines der abgebildeten Gerichte gegessen? Hat es ihnen geschmeckt?

TIPP Wenn Sie das Thema „Spezialitäten aus Deutschland" vertiefen möchten, können Sie an dieser Stelle die Kopiervorlage OK 12 einsetzen und ein deutsches Essen im Kurs organisieren.

6

Welche weiteren deutschen Spezialitäten kennen die TN? Die TN erzählen kurz.

Menschen in Deutschland *Seiten 46–48*

Das Thema behandelt die Vielfalt der Lebensformen in unserer Gesellschaft. Außerdem soll das Vorurteil der kinderfeindlichen Deutschen entkräftet werden, wobei Sie gleichzeitig darauf hinweisen können, dass manches Paar den Kinderwunsch zugunsten einer beruflichen Karriere oder aus anderen Gründen aufgibt bzw. nicht hat. Erklären Sie den TN, dass in Deutschland der Individualismus insofern wichtig ist, als die meisten Deutschen in der Regel ihre Lebensform selbst bestimmen: „Wir wollen heiraten und Kinder kriegen." „Wir möchten nicht heiraten, aber wünschen uns ein Kind." (…)

EK

Im Einbürgerungstest gibt es Fragen zu den rechtlichen Regelungen von Partnerschaft, Ehe, Familie.

Eheschließung
Das gesetzliche Heiratsalter liegt bei 18 Jahren, die Volljährigkeit ist also Voraussetzung für eine Eheschließung. In Ausnahmefällen ist eine Eheschließung ab 16 Jahren möglich; dann müssen die Eltern zustimmen und dies auch vor dem Standesamt bekunden. Man kann rechtmäßig nur mit einem Ehepartner verheiratet sein. Bigamie und Polygamie sind gesetzlich verboten.

Vergleichen Sie dies bei Bedarf mit anderen Ländern. In manchen Herkunftsländern gibt es Mehrehen; oft sind diese nicht standesamtlich geschlossen worden, sondern z. B. vor einer religiösen Institution.
In solchen Fällen sieht das deutsche Ausländerrecht vor, dass nur die 1. Ehe, bzw. die offiziell beurkundete Eheschließung, in Deutschland anerkannt wird. Nur dieser Ehegatte kann im Rahmen des Ehegattennachzugs nachziehen und eine Aufenthaltserlaubnis beantragen.

Scheidung
Vor einer Scheidung müssen Ehepartner ein Jahr getrennt leben, entweder durch Auszug eines Partners aus der gemeinsamen Wohnung oder durch Aufteilung der Wohnung in zwei Bereiche, die den Partnern ein voneinander unabhängiges Leben ermöglicht.

TIPP Machen Sie ein kleines mündliches Quiz zu diesen Themen. Mögliche Fragen können lauten:

Wer darf in Deutschland heiraten?
Wer darf in Deutschland nicht heiraten?
Wo kann man heiraten?
Wer kann einen Antrag auf Eheschließung stellen?
Wann müssen die Eltern einer Eheschließung zustimmen?
Wer kann einen Antrag auf Scheidung stellen?

3 Mensch und Gesellschaft

Wo kann man sich scheiden lassen?
Wann kann man sich scheiden lassen, wie lange muss man getrennt leben?
Dürfen Eltern ihre Kinder verheiraten?

1

1. Schreiben Sie das Wort „Familie" an die Tafel und notieren Sie mit den TN Stichworte dazu.
2. Die TN lesen die Texte und ordnen die Abbildungen zu.
3. Klären Sie mit den TN die Begriffe im Schritt b.
4. Die TN überprüfen zu zweit die Lösung im Schritt a und ordnen die Lebensformen den Texten zu.
5. Fragen Sie die TN, in welcher Lebensform sie leben und welche Lebensformen für ihr Heimatland / ihre Kultur „typisch" sind.

In Deutschland gibt es viele bikulturelle Familien, d. h. einer der Elternteile stammt aus einer anderen Kultur. Jedes vierte Kind, das in Deutschland geboren wird, hat mindestens einen ausländischen Elternteil.

6. Je nach verfügbarer Zeit können Sie eine örtliche Tageszeitung mit der Rubrik „Geburten" in den Kurs mitbringen und die TN raten lassen, woher die Eltern wohl kommen.

2

Die TN erzählen im Kurs und verwenden dabei die in Aufgabe 1 gesammelten Wörter.

3

1. Fragen Sie die TN, wie ihre deutschen Freunde ihre Kinder erziehen.

Entsprechend den vielfältigen Lebensformen gibt es auch verschiedene Erziehungsstile. Herrschte in der Nachkriegszeit ein autoritärer Erziehungsstil vor, setzte sich in den 1970er-Jahren besonders bei Akademikerfamilien eine weniger autoritäre Form durch. Parallel zu der Frauenbewegung entwickelte sich ein anderes Rollenverständnis in der Familie. Heute ist ein eher partnerschaftlicher Stil zu beobachten, der aus Sicht mancher Migranten falsch ist. Sie sind oft der Meinung, dass deutsche Eltern ihre Kinder nicht richtig erziehen und die Kinder deshalb laut und unhöflich sind. Andererseits hört man auch oft, dass die Eltern sehr verständnisvoll mit den Kindern umgehen.
In Institutionen wie Kindergarten und Schule sind Werte wie Selbstständigkeit und Selbstbewusstsein wichtig, betont werden aber auch soziale Kompetenzen, Verantwortungsbewusstsein und Umweltbildung. Verboten ist es, Kinder zu schlagen, siehe www.kinderrechte.de.

4

1. Die TN hören die Interviews und führen die Aufgabe in Einzelarbeit aus.
2. Die TN hören die Interviews ein zweites Mal und führen die Aufgabe b in Einzelarbeit aus. Überprüfung im Plenum.
3. Fragen Sie die TN, welche der beiden Erziehungsstile den TN mehr zusagt und warum.

5

Die TN berichten und diskutieren im Kurs.

6

1. Die TN sehen sich die Abbildungen an und sprechen darüber im Kurs.
2. Sammeln Sie mit den TN die Möglichkeiten der Lebens- und Betreuungsformen für ältere Menschen in Deutschland.

TIPP Die Betreuungs- und Lebensformen sind nicht zuletzt aus finanziellen Gründen einem großen Wandel unterworfen: Neue Formen werden erprobt, wie z. B. betreutes Wohnen, Wohngemeinschaften und Hausgemeinschaften von Menschen aller Altersgruppen. Selbstständigkeit, Verbleib in der Familie und in der eigenen Wohnung bekommen größeres Gewicht. Alten- und Servicezentren und Betreuungsstellen bieten zahlreiche Publikationen, Treffpunkte für Menschen ab 55 Jahren und Projekte in den Hauptherkunftssprachen an (Stichwort: „Interkulturelle Altenhilfe").

3. Die TN lesen die Texte und ordnen sie den Abbildungen zu.
4. Die TN lesen die Texte noch einmal, unterstreichen die Informationen über die Lebensform der einzelnen Menschen und kreuzen die richtigen Aussagen an. Überprüfung im Plenum.

7

Die TN arbeiten in Gruppen. Jede Gruppe wählt ein Thema, z. B. „Wohnen", „Essen", „Veranstaltungen/Kulturangebot", „medizinische Versorgung". Die Gruppen sammeln Informationen über entsprechende Angebote für ältere Menschen, präsentieren ihre Ergebnisse im Kurs und tauschen sich aus.

3 Mensch und Gesellschaft

Bildung als Aufgabe der Länder Seiten 49–51

Der Jugendmigrationsdienst ist bei den Wohlfahrtsverbänden und ähnlichen Verbänden angesiedelt. Er berät bleibeberechtigte junge Menschen mit Migrationshintergrund im Alter von 12 bis 27 Jahren und bietet eine erste Orientierungshilfe bei Schul-, Ausbildungs-, Berufs- und Lebensfragen. Seine Kernkompetenz liegt in der Beratung 16- bis 18-jähriger, nicht mehr vollzeitschulpflichtiger junger Zuwanderer, die ihre im Herkunftsland begonnene Schul-, Berufs- oder Universitätsausbildung fortsetzen wollen. Für die über 27-Jährigen ist die Migrationsberatung für Erwachsene (MBE) zuständig (siehe auch in *Zur Orientierung*, Seite 21).

TIPP Die TN sollten auf Anfrage möglichst Zusatzinformationen besorgen können, z. B. Verzeichnisse von Kinderkrippen, Kindergärten und Horten. An dieser Stelle sollte nochmals betont werden, dass Schulpolitik von den Bundesländern betrieben wird und die Grafik zum Schulsystem vereinfacht ist. Wichtig ist auch der Hinweis, dass jedes Kind ab dem vollendeten dritten Lebensjahr in Deutschland das Recht auf einen Kindergartenplatz hat. Allerdings kann dieses Recht nicht eingeklagt werden. Außerdem gilt auch hier, dass der Umgang mit diesem Recht in den einzelnen Bundesländern unterschiedlich ist.

Weitere Informationen:
www.arbeitsagentur.de; www.ihk-lehrstellenboerse.de; www.hochschulkompass.de; www.jova-nova.com
Spezielle Angebote zum Nachholen von Schulabschlüssen finden Migranten auch unter: www.jugendmigrationsdienste.de

1

1. Fragen Sie die TN, ob sie den Jugendmigrationsdienst und seine Aufgaben kennen. Gibt es eine Stelle des JMD in Ihrer Stadt/Gemeinde? Wenn nicht, in welcher Stadt gibt es die nächste JMD-Stelle?
2. Die TN lesen die Aussagen. Klären Sie mit den TN die Stichworte „Kinderbetreuung", „Tagesmutter", „Kinderkrippe", „Elterninitiative" etc.
3. Die TN hören das Gespräch (wenn nötig zweimal) und kreuzen die richtigen Aussagen an. Überprüfung im Plenum.
4. Die TN hören das Gespräch noch einmal und ergänzen die Informationen.
Die Bezeichnungen „Kinderkrippe" und „Kindergarten" und deren Betreuungsangebot können je nach Bundesland variieren, so zum Beispiel werden in Berlin beide Einrichtungen offiziell als „Kindertagesstätte" (Kita) bezeichnet. Eine besondere Form der Kitas sind Elterninitiativ-Kindertagesstätten (EKT), auch „Kinderläden" genannt, die von einem Elternverein getragen werden. Die Kinderbetreuung wird zurzeit ausgebaut und auch konzeptionell verändert: An einigen Orten entstehen Häuser für Kinder oder Familienzentren, in denen für verschiedene Altersgruppen Betreuung stattfindet und es zusätzliche Beratungsangebote für Eltern gibt. Fast alle Bundesländer haben in Ihren Bildungs- und Erziehungsplänen die Erziehungspartnerschaft mit den Eltern festgeschrieben. Weisen Sie die TN darauf hin, dass aktives Engagement und gute Zusammenarbeit mit den Erzieher/-innen in den Betreuungseinrichtungen wichtig ist.
Sie können an dieser Stelle auch fragen, wie sich die Zusammenarbeit zwischen Elternhaus und Einrichtung in den Herkunftsländern gestaltet. Auch das Anmeldeverfahren für einen Kindergartenplatz unterscheidet sich von Bundesland zu Bundesland.

2

1. Die TN arbeiten einzeln oder in kleinen Gruppen (je nach Wunsch), sammeln Informationen zu einem Kindergarten in der Nähe und präsentieren ihre Ergebnisse im Kurs.
2. Geben Sie den TN Zeit, sich über ihre eigenen Erfahrungen bezüglich der Beantragung eines Kindergartenplatzes, der Anmeldung und des Betriebs bzw. Alltags im Kindergarten auszutauschen.

3

1. Machen Sie mit den TN an der Tafel ein Assoziogramm / einen Wortigel zum Thema „Schule in Deutschland": Für wen gilt die Schulpflicht? Welche Schulformen kennen die TN? Bis zu welchem Alter muss man in Deutschland zur Schule gehen? Gibt es eine Nachmittagsbetreuung?
2. Die TN lesen den Text und führen die Aufgabe in Einzelarbeit durch.
3. Die TN vergleichen ihre Antworten zu zweit und unterstreichen die Textstellen, wo die entsprechenden Informationen stehen. Helfen Sie bei Unstimmigkeiten bzw. beantworten Sie weitere Fragen zum Lesetext.
4. Besprechen Sie mit den TN die Grafik zum Schulsystem auf Seite 59 und erklären Sie die Unterschiede zwischen den verschiedenen Abschlüssen (*Gymnasium*: Abitur; *Realschule*: Realschulabschluss bzw. mittlere Reife; *Hauptschule*: Hauptschulabschluss bzw. Berufsreife oder auch „Quali" – qualifizierender Hauptschulabschluss in Bayern).

TIPP Eine Abbildung zum Thema Schulsystem befindet sich auch in vielen Lehrwerken (vgl. zum Beispiel *Schritte plus 3*).

3 Mensch und Gesellschaft

4

1. Als Vorentlastung für den Hörtext: Fragen Sie die TN nach ihrer Ausbildung (Schule, Lehre/Studium, Weiterbildung). Wird/Wurde der Schulabschluss der TN in Deutschland anerkannt? Machen sie in Deutschland eine Weiterbildung (oder haben sie eine gemacht)? Als was arbeiten die TN (haben sie gearbeitet) und haben sie einmal den Beruf gewechselt?
2. Die TN hören die Aussagen und führen die Aufgabe in Einzelarbeit durch.
3. Die TN hören die Aussagen noch einmal (wenn nötig zweimal) und ergänzen die Tabelle.
4. Überprüfen Sie im Plenum die Antworten in a und lassen die TN ihre Antworten mithilfe der Informationen in der Tabelle begründen.
5. Die TN berichten über das Schulsystem des eigenen Landes.

5

Fotos und Abbildungen (von links nach rechts):
oben: Operationssaal in einem Krankenhaus; Beispiel für das Hinweisschild „Zeugnisanerkennungsstelle"; Zertifikat, das einen Weiterbildungslehrgang bescheinigt (Ausriss eines Originals des Städtischen Klinikums München); Schild einer VHS; Schild einer IHK (Industrie- und Handelskammer); Türschild eines Fachbereichs einer FH (Fachhochschule); Ausriss eines Antragsformulars zur „Anerkennung von ausländischen Pflegekräften".

EK

Ausländische Berufsabschlüsse werden in Deutschland oft nicht akzeptiert, selbst wenn das Zeugnis anerkannt wurde. Das hat zur Folge, dass man eine Berufsausbildung teilweise oder ganz nachholen muss. Oder man wird unter seinem Ausbildungsniveau beschäftigt.
Eine erste Orientierung zu einer verwandten oder neuen Berufsausbildung geben die Jugendmigrationsdienste und die Migrationsberatung für Erwachsene. Bei der Wahl des konkreten Berufs helfen die Berufsinformationszentren der Agentur für Arbeit.

TIPP Lassen Sie die TN auf Kärtchen schreiben, welche beruflichen Informationen sie suchen. Besprechen Sie anschließend mit den TN die Kopiervorlage EK 10 und lassen Sie die Kärtchen den einzelnen Informationsangeboten zuordnen.

Religiöse Vielfalt Seiten 52–53

Auch wenn es vielen Deutschen nicht bewusst ist, so spielt die Religion in Deutschland eine sehr wichtige Rolle. Wichtig ist auch die Rolle der Kirche im Staat (Aufgabe 1).
Da die Religion im Leben vieler TN eine zentrale Rolle spielt, sollte für dieses Thema im Orientierungskurs Zeit bleiben, siehe dazu auch Kopiervorlage OK 13.

TIPP In vielen Kinderbüchern sind die verschiedenen Religionen ansprechend und informativ dargestellt.

1

1. Fragen Sie die TN, welche Religionen sie kennen. Die TN arbeiten in Gruppen entsprechend den Religionen, denen sie angehören. Jede Gruppe macht ein Assoziogramm zum Thema „Meine Religion". Als Hilfe können Sie den Gruppen die Kopiervorlage OK 13 verteilen.
2. Die Bücher bleiben geschlossen. Fragen Sie die TN, welche Religionen in Deutschland vertreten sind und welche drei Glaubensgruppen die größten sind. Die TN überprüfen ihre Antworten anhand der Grafik im Buch.
3. Schreiben Sie die folgenden Stichworte an die Tafel: Kirche und Staat, Religionsfreiheit, Religionsunterricht, Kirchensteuer. Die TN arbeiten in vier Gruppen und notieren Informationen zu der Situation in Deutschland anhand dieser vier Begriffe.
4. Die Gruppen tragen ihre Ergebnisse vor.
5. Die TN lesen den Text und lösen die Aufgabe. Überprüfung im Plenum.
6. Fragen Sie die TN, welche Religionen in ihrem Land vertreten sind, welche Glaubensgruppen die größten sind und welche Rolle die Kirche gegenüber dem Staat hat.

EK

Pflichtfach Religion
Religion ist an der Schule ein Pflichtfach, in der Regel bis zur Klasse 12. Es besteht allerdings die Möglichkeit der Befreiung vom Religionsunterricht. Bei Schülern unter 14 Jahren liegt die Entscheidung bei den Eltern. Ab 14 können die Schüler selbst bestimmen, ob sie am Religionsunterricht teilnehmen wollen. Eine Angabe von Gründen ist nicht notwendig. Bei Schülern unter 18 Jahren werden die Erziehungsberechtigten durch die Schule über die Entscheidung des Schülers informiert.
Alternativ zum konfessionsbezogenen Religionsunterricht gibt es das Fach „Ethik".

3 Mensch und Gesellschaft

2
1. Fragen Sie die TN: Sind die Deutschen, die Sie kennen, gläubig? Leben sie auch streng nach dem Glauben und dessen Gesetzen?
2. Die TN hören die Umfrage und ergänzen die Tabelle.

3
1. Fragen Sie die TN, ob sie gläubig sind und welcher Religion sie angehören (siehe Kopiervorlage OK 13). Leben sie auch nach den Gesetzen ihrer Kirche und Religion?
2. Machen Sie mit den TN eine Strichliste zu den im Kurs vertretenen Religionen.

4
Klären Sie mit den TN das Wort „Taufe" und besprechen Sie mit ihnen das Foto und die Fragen.

5
1. Fragen Sie die TN, welche Feste auf den Abbildungen zu sehen sind.
2. Die TN lesen die Texte und ordnen sie den Festen zu.
3. Fragen Sie die TN, ob sie eine der drei biblischen Geschichten (Weihnachen, Heilige Drei Könige, Ostern) kennen. Die TN erzählen im Kurs.

TIPP Bringen Sie ggf. die Bibel in den Unterricht mit und lesen Sie eine der Geschichten vor. Gut geeignet sind dafür auch Kinderbibeln, da dort in einfacher Sprache die Geschichten nacherzählt werden.

4. Die TN arbeiten in drei Gruppen. Jede Gruppe sucht sich ein Fest aus und sammelt Informationen zu dem Fest: Wie wird das Fest in Deutschland gefeiert? Welche Symbole verbindet man mit diesem Fest? Wann wird dieses Fest gefeiert? Gibt es dieses Fest (oder ein ähnliches) auch in anderen Religionen?
5. Die Gruppen präsentieren ihre Ergebnisse im Kurs.
6. Die TN arbeiten zu zweit und kreuzen im Kalender die offiziellen Feiertage an. Überprüfung im Plenum.

Karneval, Fasching, Fastnacht
In einigen Regionen Deutschlands feiert man im Frühjahr, ca. 7 Wochen vor Ostern, Karneval, Fasching oder Fastnacht. Die sogenannten „tollen Tage" beginnen am „Schmutzigen Donnerstag" und enden sechs Tage später am „Aschermittwoch". Am Aschermittwoch beginnt die christliche Fastenzeit.

TIPP Es gibt hier große regionale Unterschiede. Fragen Sie die TN, welche Bräuche sie eventuell in Deutschland oder in ihren Heimatländern kennen. Behandeln Sie im Kurs die Bräuche am Kursort und klären Sie, ob es arbeitsfreie oder schulfreie Tage gibt.

6
Die TN malen einen Kalender auf ein Papier (Größe DIN-A0). Wählen Sie für jede Religion eine Farbe. Die TN tragen im Kalender die wichtigsten Feiertage der eigenen Religion ein. Sie können auch Bildmaterial verwenden und zu den Feiertagen z.B. entsprechende Symbole/Fotos/Bilder kleben oder malen. Hängen Sie den Wandkalender im Kursraum auf.

TIPP Um Zeit zu sparen, können Sie einen großen Wandkalender mitbringen, in den die TN die religiösen Feiertage eintragen.

Typisch deutsch *Seite 54*

1
1. Machen Sie mit den TN einen Wortigel zum Thema „Deutsche Kultur": Was fällt den TN zu dem Begriff ein?
2. Die TN sehen sich die Abbildungen an. Fragen Sie, was dort abgebildet ist und was die TN für „typisch deutsch" halten.

Abbildungen obere Reihe von links: Gottesdienst; Grillen an öffentlichen Plätzen; Logos verschiedener Automarken (Volkswagen, BMW, Audi, Mercedes); eine Hausordnung; Denkmal in Weimar: Johann Wolfgang von Goethe und Friedrich Schiller.
Abbildungen untere Reihe von links: Fußballspieler (abgebildet ist Gerald Asamoah, deutscher Fußballspieler, geboren in Ghana); Reihenhäuser; Nichtraucherschutz; Aushängeschilder verschiedener (internationaler) Cafés/Kneipen/Restaurants.

3. Die TN arbeiten in kleinen Gruppen. Jede Gruppe wählt ein Stichwort und macht dazu Notizen. Sie können diesen Schritt ggf. auch als Hausaufgabe bearbeiten lassen: Die TN befragen Deutsche, was ihnen zu dem Thema einfällt, notieren die Antworten und vergleichen sie anschließend mit den eigenen Notizen.
4. Die Gruppen präsentieren ihre Ergebnisse.

3 Mensch und Gesellschaft

TIPP Viele TN erwarten bei dem Thema Deutsche Kultur die Darstellung einer „rein" deutschen Kultur. Vor dem Hintergrund der Migrationsbewegungen und der Tatsache, dass Deutschland ein Einwanderungsland ist, geht es in diesem Orientierungskurs aber vor allem auch darum, einen aktuellen und authentischen Kulturbegriff zu vermitteln (siehe dazu Kopiervorlage OK 14). Dieser soll zeigen, dass die deutsche Kultur sehr vielseitig ist und auch „fremde" Elemente enthält. Dadurch sollen sich Migranten angesprochen und integriert fühlen.

2

Veranstalten Sie mit den TN ein Fest der Kulturen: Die TN arbeiten in kleinen Gruppen den Nationalitäten entsprechend. Sie sammeln Informationen über die eigene Kultur in Deutschland und bereiten einen kleinen Infostand vor. Nach Möglichkeit bringen sie auch ein typisches Gericht ihres Landes mit.

TIPP Auch Sie als Kursleiter/in können ein typisch deutsches Gericht kochen und dieses in den Kurs mitbringen.

Die Gruppen präsentieren ihr Land, tauschen Informationen, Adressen und Rezepte aus.

3

1. Zur Vorbereitung können Sie mit den TN besprechen, von welchen interkulturellen Konflikten sie in Beruf und Alltag berichten können. Lassen Sie dann spekulieren, welche Konflikte sich hinter den Überschriften a bis c verstecken könnten.
Lesen Sie dann die Texte, und klären Sie den Inhalt. Besprechen Sie die Konfliktfälle im Kurs. Lassen Sie berichten, falls TN ähnliche Erfahrungen gemacht haben.
2. Klären Sie anschließend, an welche Stellen man sich in solchen Fällen wenden kann und welche Funktion diese Stellen haben.

Kulturelle Orientierung – Verhalten und Regeln *Seiten 55–57*

Hier soll den TN die Möglichkeit gegeben werden, einige deutsche Verhaltensregeln kennenzulernen und sich mit ihnen auseinanderzusetzen. Als Beispiel seien hier genannt: die starke Regelorientierung sowie eine direkte und klare Kommunikation, die hierzulande erwünscht ist. Bestechung kommt zwar vor, ist aber nicht üblich und ein Straftatbestand. Ehre und Ehrverletzung bei Männern haben in Deutschland keine so zentrale Bedeutung wie beispielsweise in orientalischen Ländern.

1

1. Die TN sehen sich die Bilder an und stellen Vermutungen an, in welchen Ländern man sich auf diese Weise begrüßt.

   Abbildungen von links nach rechts:
   Der *Handkuss* ist heute in Deutschland eine eher seltene Begrüßungsart. Will der Mann einer Dame gegenüber seine besondere Wertschätzung oder Verehrung ausdrücken, kann er ihre Hand respektvoll küssen. Der Mann sollte dabei jedoch beachten, dass er den Augenkontakt mit der Dame nicht verliert, denn beim Blick in Richtung Dekolleté könnte die Dame in Verlegenheit gebracht werden.

   Der *Nasenkuss*, auch „Hongi" genannt, ist der traditionelle Gruß der Maori in Neuseeland. Die Grüßenden drücken die Nasen gleichzeitig zweimal aneinander. Durch den Nasenkuss soll der Lebensatem der beiden Menschen ausgetauscht werden.

   Der *sozialistische Bruderkuss* wurde hauptsächlich bei Staatsbesuchen und Parteiversammlungen gepflegt. Man küsste sich auf den Mund.

   Das *Händeschütteln* ist in den westlichen Ländern die gängige Begrüßungsart, die zwischen Männern und Frauen üblich ist.

   Die *Verneigung*: In den fernöstlichen Kulturen ist eine einfache Verneigung üblich, wobei zahlreiche regionale Varianten auftreten. Die Japaner z. B. legen die Hände auf die Vorderseite der Oberschenkel.

2. Fragen Sie die TN, welche Begrüßungsarten in Deutschland üblich sind und wie man sich in ihrer Kultur begrüßt. Die TN können die Begrüßung zu zweit vorspielen.

2

1. Die TN lesen die Geschichte. Sammeln Sie mit den TN Situationen, in denen sich der junge Mann „falsch" verhält.
2. Diskutieren Sie mit den TN, wie der junge Mann sich richtig verhalten hätte.
3. Fragen Sie nach den Erfahrungen der TN: Haben sie sich auch einmal in einer Situation falsch verhalten? Wie war die Reaktion der Deutschen?
4. Die TN arbeiten zu zweit und schreiben eine ähnliche Geschichte.

3 Mensch und Gesellschaft

3

1. Die TN arbeiten in Gruppen den Nationalitäten entsprechend. Jede Gruppe macht ein Assoziogramm zum Thema „Wie feiert man bei uns Geburtstag".
2. Die Gruppen präsentieren ihre Ergebnisse.
3. Die TN hören das Gespräch und führen die Aufgabe in Einzelarbeit aus. Überprüfung im Plenum.

4

1. Die TN arbeiten in 7 Gruppen. Jede Gruppe bearbeitet eine Redewendung und notiert dazu eine mögliche Erklärung. Die TN denken sich eine Situation als Beispiel aus und bereiten einen Dialog (auch mit mehreren Darstellern) dazu vor.
2. Die Gruppen präsentieren ihre Ergebnisse und spielen die Dialoge vor. Korrigieren bzw. präzisieren Sie bei Bedarf die Bedeutungserklärungen.
3. Die TN arbeiten zu zweit und führen die Aufgabe im Schritt b aus.
4. Besprechen Sie mit den TN, welches Verhalten in den vorgegebenen Situationen in Deutschland üblich wäre.

5

1. Die TN arbeiten in Gruppen den Nationalitäten entsprechend. Jede Gruppe bekommt ein Thema, z. B. „Arbeit", „Pünktlichkeit", „Freundschaft", „Streit" etc. Die TN notieren zu dem Thema Stichworte zu Verhaltensregeln in Deutschland und in ihrem Land / in ihrer Kultur.
2. Die Gruppen präsentieren ihre Ergebnisse im Kurs. Die anderen Gruppen können ergänzende Fragen stellen.

6

1. Die TN beantworten die Quizfragen individuell und lesen die entsprechende Auswertung.
2. Die TN überprüfen ihre Lösungen mit einem Partner oder einer Partnerin. Geben Sie den TN bei Bedarf Hilfestellung und erklären Sie, welches Verhalten in der gegebenen Situation in Deutschland üblich ist.
3. Je nach verfügbarer Zeit können die TN zu zweit oder in kleinen Gruppen ein Quiz entwerfen, das auf eigenen Erfahrungen basiert. Die Gruppen tauschen die Quiz-Fragen untereinander aus und versuchen, die Quizfragen zu beantworten. Jede Gruppe präsentiert anschließend die Lösungen im Kurs, die anderen Gruppen entscheiden, ob die Lösungen richtig sind.

Prüfungsstrategien und weitere Integrationsangebote *Seiten 66–67*

1

Orientierungskurs-Test
Weisen Sie die TN darauf hin, dass der Abschlusstest 25 Fragen enthält, von denen 13 richtig beantwortet werden müssen. Die Fragen sind dem offiziellen Fragenkatalog zum Orientierungskurs-Test entnommen, der insgesamt 250 Testfragen enthält.
Im Integrationsportal (www.integration-in-deutschland.de, „Zuwanderer") finden Sie diesen Fragenkatalog. TN, die Internetzugang haben, können sich online auf den Abschlusstest vorbereiten.

3

Einbürgerungstest
Weisen Sie die TN darauf hin, dass der Einbürgerungstest 33 Fragen enthält, von denen 17 richtig beantwortet werden müssen. Die Fragen sind dem offiziellen Fragenkatalog zum Einbürgerungstest entnommen, der insgesamt 300 Testfragen enthält.
Im Integrationsportal (www.integration-in-deutschland.de, „Zuwanderer") finden Sie diesen Fragenkatalog. TN, die Internetzugang haben, können sich online auf den Abschlusstest vorbereiten.

Der Einbürgerungstest fokussiert stärker auf die sogenannten „Deutschenrechte", d. h. auf die Rechte und Pflichten deutscher Staatsbürger sowie auf spezifische Fragen zum „eigenen" Bundesland. Erarbeiten Sie zu den länderspezifischen Fragen die Kopiervorlage EK 11. TN mit Internetzugang können die Fragen auch online bearbeiten.

Klären Sie mit allen TN vor der Testvorbereitung im Kurs, ob diese den Test tatsächlich in Ihrem Bundesland absolvieren wollen. Lassen Sie TN, die aus einem anderen Bundesland zugezogen sind, berichten, was im alten Bundesland alles anders war (z. B. Bezeichnungen von Ämtern).

Kenntnisse über die Landeszentralen für politische Bildung (LpB) sind Teil des Einbürgerungstests. Verweisen Sie Teilnehmer, die umfassende Informationen über ihr Bundesland suchen, an die jeweilige LpB. Wenn Sie im Unterricht Zugang zum Internet haben, besuchen Sie mit den TN die Homepage Ihrer LpB. Regen Sie einen Besuch bei einer LpB an, wenn es in Ihrer Stadt eine gibt.

Bundesländer-Puzzle

Kopiervorlage OK 1, zum KB, Seite 10

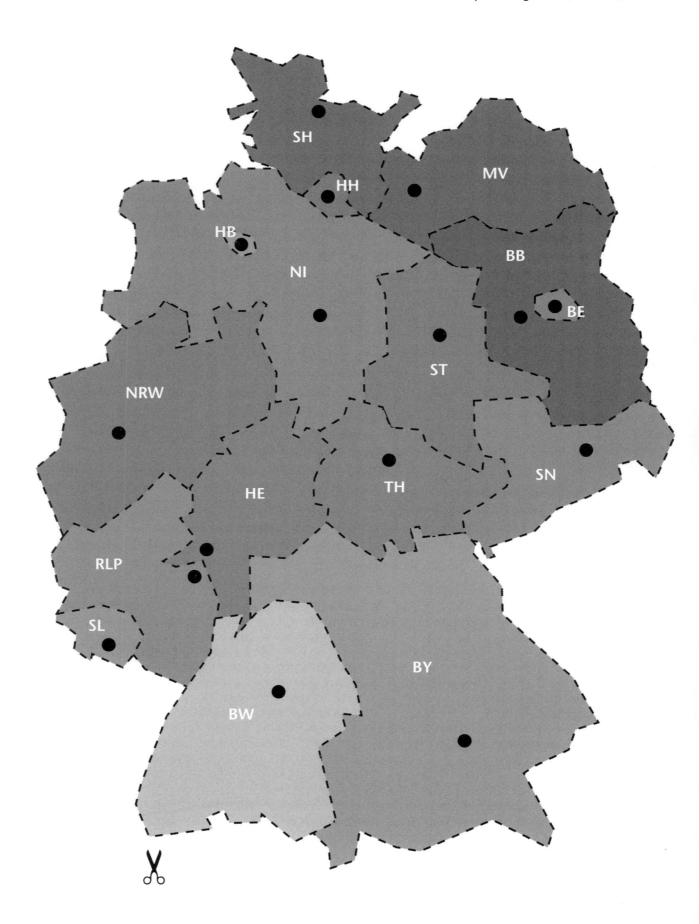

Bundesländer-Puzzle

Kopiervorlage OK 2, zum KB, Seite 10

Dresden	Düsseldorf	Erfurt	Hannover
Magdeburg	Mainz	Bremen	München
Potsdam	Hamburg	Saarbrücken	Schwerin
Berlin	Stuttgart	Wiesbaden	Kiel

✂

----

1 Für welche Bundesländer stehen die Abkürzungen?
Ordnen Sie zu.

Baden-Württemberg   Bayern   Hessen   Thüringen   Berlin   Freie Hansestadt Bremen
Brandenburg   Niedersachsen
Sachsen-Anhalt   Freie Hansestadt Hamburg   Mecklenburg-Vorpommern
Sachsen   Schleswig-Holstein   Saarland   Rheinland-Pfalz   Nordrhein-Westfalen

SH _____   TH _____
MV _____   SN _____
NI _____   RLP _____
ST _____   SL _____
BB _____   BW _____
NRW _____   BY _____
HE _____   BE _____
HB _____   HH _____

Das politische System in Deutschland

1 Ergänzen Sie die Begriffe in der Grafik.

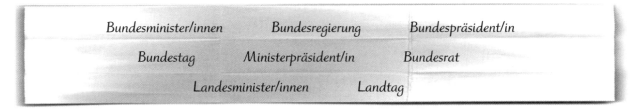

Bundesminister/innen   Bundesregierung   Bundespräsident/in
Bundestag   Ministerpräsident/in   Bundesrat
Landesminister/innen   Landtag

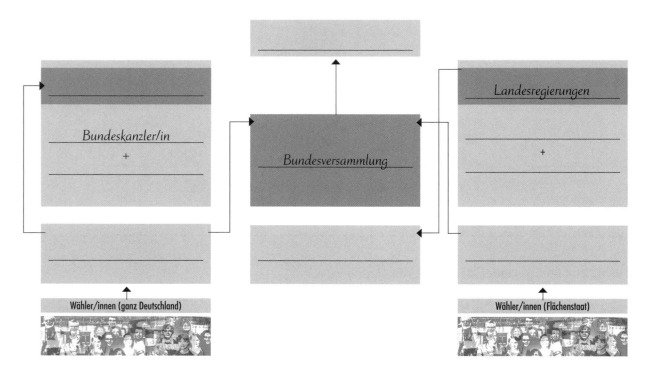

2 Kennen Sie die wichtigsten Politiker in Deutschland? Schreiben Sie die Namen.

Wie heißt

- der/die Bundeskanzler/in? _____
- der/die Bundespräsident/in? _____
- der/die Außenminister/in? _____
- der/die Bundesminister/in für Finanzen? _____
- der/die Bundesminister/in für Bildung und Forschung? _____
- der/die Ministerpräsident/in Ihres Bundeslandes? _____

Die Nationalhymne der Bundesrepublik Deutschland

1 Kennen Sie die deutsche Nationalhymne? Welche Antwort ist richtig? Kreuzen Sie an.

1. Wer hat die Musik komponiert?
- [ ] a Johann Sebastian Bach.
- [ ] b Ludwig van Beethoven.
- [ ] c Franz Joseph Haydn.

© picture-alliance/akg-image

2. Wer hat den Text geschrieben?
- [ ] a Johann Wolfgang von Goethe.
- [ ] b Heinrich Hoffmann von Fallersleben.
- [ ] c Thomas Mann.

© picture-alliance/Imagno

3. Wie viele Strophen hat die deutsche Nationalhymne?
- [ ] a Fünf.
- [ ] b Eine.
- [ ] c Drei.

> Einigkeit und Recht und Freiheit
> Für das deutsche Vaterland!
> Danach lasst uns alle streben,
> Brüderlich mit Herz und Hand!
> Einigkeit und Recht und Freiheit
> Sind des Glückes Unterpfand:
> Blüh im Glanze dieses Glückes,
> Blühe, deutsches Vaterland!

2 Lesen Sie den Text der Hymne. Versuchen Sie, den Text kurz mit eigenen Worten zusammenzufassen.

_____
_____
_____
_____

Die deutsche Nationalhymne ist die dritte Strophe des Deutschlandliedes, das der Dichter August Heinrich Hoffmann von Fallersleben (1798–1874) geschrieben hat. Die Musik hat Franz Josef Haydn (1732–1809) komponiert.

Die Arbeitslosigkeit

Kopiervorlage OK 5, zum KB, Seiten 21 + 22

1 Machen Sie zum Thema „Arbeitslosigkeit" ein Assoziogramm.

2 Wann kann Ihnen die Agentur für Arbeit helfen? Kreuzen Sie an.

a ☐ Sie haben Schwierigkeiten mit Ihrem Chef und möchten sich über Ihre Rechte informieren.
b ☐ Sie suchen eine Arbeitsstelle.
c ☐ Ihr Sohn sucht eine Ausbildungsstelle.
d ☐ Ihr Kind soll eingeschult werden und Sie möchten sich über Grundschulen in Ihrer Stadt informieren.
e ☐ Sie möchten eine Weiterbildung machen, um bessere Chancen auf dem Arbeitsmarkt zu haben.
f ☐ Sie haben eine kleine Firma und suchen einen weiteren Mitarbeiter.
g ☐ Sie möchten Wohngeld beantragen.
h ☐ Sie haben Fragen zum Arbeitslosengeld.
i ☐ Sie haben eine neue Arbeitsstelle gefunden und suchen nach Betreuungsmöglichkeiten für Ihr Kind.

Die Arbeitslosigkeit

3 Besser ausgebildet, seltener arbeitslos

a Sind Sie mit der Überschrift der Grafik einverstanden? Diskutieren Sie im Kurs. Begründen Sie Ihre Antwort.

b Sehen Sie sich die Grafik an. Ergänzen Sie den Text.

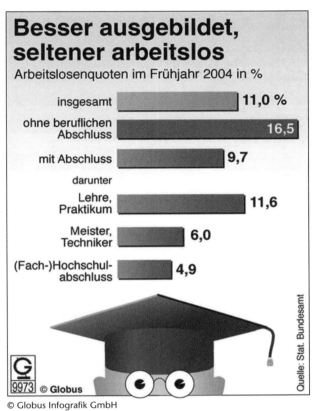

Seit über 30 Jahren gehört die Arbeitslosigkeit zu den größten sozialen Problemen in Deutschland. Wer nicht arbeitslos werden möchte, sollte in der Schule richtig pauken, wie die Grafik zeigt. Denn wer eine bessere Ausbildung hat, verdient in der Regel mehr und auch das Risiko, den Job zu verlieren, ist kleiner. So waren im Frühjahr 2004 nur _____ Prozent der Personen, die einen Hochschulabschluss haben, arbeitslos. Bei Personen, die keinen beruflichen Abschluss haben, waren es dafür _____ Prozent. Auch bei Personen, die eine Lehre oder ein Praktikum absolviert haben, ist die Arbeitslosenquote niedriger – _____ Prozent – als bei den Ungelernten.

4 Wissen Sie, wie hoch die Arbeitslosigkeit zurzeit in Deutschland ist? Informieren Sie sich in den Medien (Fernsehen, Zeitungen, Internet etc.). Berichten Sie im Kurs.

Die Verwaltungsstruktur in Deutschland

Kopiervorlage OK 7, zum KB, Seite 26

1 Lesen Sie den Text und ergänzen Sie die markierten Begriffe in der Grafik.

Der **Staat** bildet die höchste politische Verwaltungsebene, danach kommt die der **Bundesländer** und der **Stadtstaaten**. Sie haben eigene Parlamente und Regierungen und regeln viele Verwaltungsaufgaben selbstständig. Die dritte Ebene bilden **Städte** und **Gemeinden**. Sie haben eine eigene Verwaltung, den Vorsitz haben Bürgermeister, die meist direkt gewählt werden.

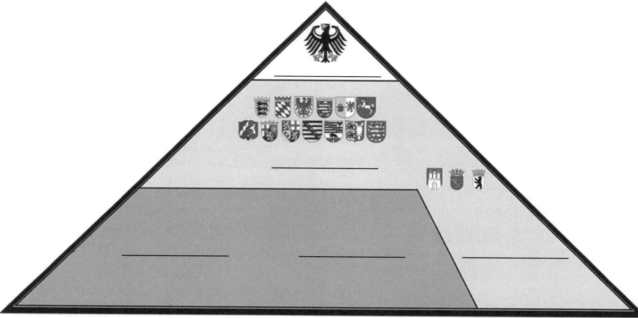

© bearbeitete Grafik nach C. Löser für Wikipedia.de

2 Wer übernimmt welche Aufgaben? Kreuzen Sie an.

	Bund	Bundesländer/Stadtstaaten	Städte und Gemeinden
Sozialarbeit			
Polizei			
Bildung			
Außenpolitik			
Öffentlicher Nahverkehr			
Wasserversorgung			
Bundeswehr			
Kultur			
Gesetzesbildung			

Deutschland – ein Einwanderungsland

1 Was ist ein „Einwanderungsland"? Lesen Sie den Text. Schreiben Sie zu jedem Abschnitt eine Überschrift.

_____

Der Begriff „Einwanderungsland" beschreibt einen Staat, dessen Bevölkerung durch Zuwanderung stark anwächst. Als klassische Einwanderungsländer gelten vor allem die USA, Kanada, Südafrika, Australien und Neuseeland, aber auch Brasilien und Argentinien und weitere Staaten in Südamerika.

_____

Der Begriff „Einwanderungsland" wurde für die Bundesrepublik Deutschland seit Beginn der Zuwanderung von Gastarbeitern verwendet. Das Bewusstsein dafür, dass auch Deutschland ein Einwanderungsland ist, wächst aber erst langsam, da Deutschland über viele Jahrzehnte eher als ein Auswanderungsland galt. Im historischen Kontext ist allerdings festzustellen, dass Deutschland auch schon früher für bestimmte Zeitabschnitte ein Einwanderungsland war. So wanderten zur Zeit der Industrialisierung (im 19. Jahrhundert) polnische Arbeitskräfte in großer Zahl in die deutschen Industriegebiete ein.

_____

Die Zuwanderung hat natürlich Folgen für das Einwanderungsland, denn der kulturellen Bereicherung stehen auch Verpflichtungen gegenüber. Einerseits sollen die Zuwanderer gleichberechtigt an allen gesellschaftlichen Bereichen teilhaben, andererseits haben sie in Deutschland die Pflicht, die deutsche Sprache zu lernen, die Verfassung und die Gesetze zu kennen, zu respektieren und zu befolgen.

2 Sehen Sie sich die Grafik an. Aus welchen Gründen immigrieren Menschen nach Deutschland?

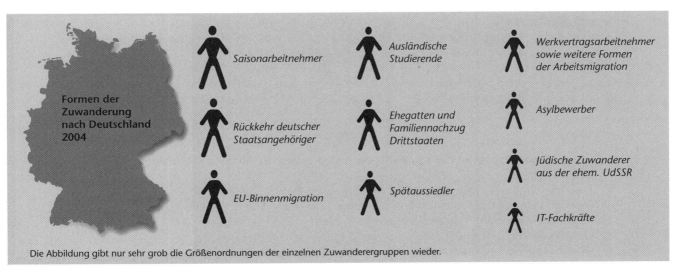

Die Abbildung gibt nur sehr grob die Größenordnungen der einzelnen Zuwanderergruppen wieder.

Quelle: Migrationsbericht 2005 / Bundesministerium des Innern

Symbole der Europäischen Union

Kopiervorlage OK 9, zum KB, Seite 39

1 Was haben die Abbildungen mit Europa zu tun? Sammeln Sie Ideen im Kurs.

© MEV/MHV

© MEV/MHV

© BananaStock/MHV

© BI-TC; Jugendliche

© MEV/MHV

2 Die europäische Flagge, der Europatag und die europäische Hymne sind Symbole der Europäischen Union. Was ist richtig? Lesen Sie die Texte und kreuzen Sie an.

Die europäische Flagge
Der Kreis aus zwölf goldenen Sternen ist ein Symbol für Einheit, Solidarität und Harmonie in Europa. Die Zahl der Sterne hat nichts mit der Anzahl der Mitgliedstaaten zu tun. Die europäische Flagge gibt es seit 1955. Der damalige Europarat wählte den Kreis mit zwölf goldenen Sternen vor einem blauen Hintergrund, weil die Zahl Zwölf traditionell für Ganzheit und der Kreis für Einheit steht. Im Jahr 1983 nahm das Europäische Parlament dieselbe Flagge an und 1985 wurde sie zum offiziellen Symbol der EU.

Europatag – 9. Mai
Am 9. Mai 1950 hielt der französische Außenminister Robert Schuman eine Rede, in der er zum ersten Mal Überlegungen zum geeinten Europa vorstellte. Diese Rede gilt als „Grundstein" der EU. So feiert man jedes Jahr am 9. Mai den Europatag und damit die Arbeit und die Erfolge der EU. An diesem Tag finden verschiedene Veranstaltungen statt, die die europäischen Nationen einander näher bringen sollen.

Die europäische Hymne
Der Europarat bestimmte 1972 den letzten Satz der Neunten Symphonie von Ludwig van Beethoven zur Hymne Europas. Beethoven, der die Symphonie 1823 komponiert hatte, vertonte hier die „Ode an die Freude" von Friedrich Schiller aus dem Jahr 1785. Seit 1985 gilt die Neunte Symphonie als offizielle Hymne der EU. Sie soll nicht die nationalen Hymnen ersetzen, sondern steht als Symbol – ohne Worte, nur in der universalen Sprache der Musik – für Freiheit, Frieden und Solidarität.

		richtig	falsch
a	Die goldenen Sterne auf der europäischen Flagge geben die Anzahl der EU-Mitgliedstaaten an.	☐	☐
b	Die europäische Flagge wurde 1985 zum offiziellen Symbol der EU.	☐	☐
c	Der Gedanke über ein vereintes Europa wurde zum ersten Mal in der berühmten „Schuman-Rede" am 9. Mai 1950 geäußert.	☐	☐
d	Den Europatag gibt es seit 1950.	☐	☐
e	Die Melodie der europäischen Hymne entspricht der Neunten Symphonie von Ludwig van Beethoven.	☐	☐
f	Die europäische Hymne spielt und singt man mit Worten, die der „Ode an die Freude" entsprechen.	☐	☐

Symbole der Europäischen Union

Kopiervorlage OK 10, zum KB, Seite 39

3 Der Euro

a Woher kommen die Euro-Münzen? Ordnen Sie zu.

1. _____
2. _____
3. _____
4. _____
5. _____
6. _____
7. _____

Spanien   Irland   Vatikan   Luxemburg
Italien   Österreich   Deutschland

b Lesen Sie den Text. Ergänzen Sie die Informationen über den Euro.

Der Euro, die einheitliche Währung der Europäischen Union, wurde am 1. Januar 2002 eingeführt. Man kann damit am 1.1.2009 in sechzehn der 27 Mitgliedstaaten der EU zahlen: Belgien, Deutschland, Griechenland, Spanien, Frankreich, Irland, Italien, Luxemburg, den Niederlanden, Österreich, Portugal, Finnland, Malta, Slowenien, der Republik Zypern und der Slowakei. Auch Monaco, San Marino und die Vatikanstadt besitzen eigene Euro-Münzen.
Die Euro-Scheine sind in allen Ländern identisch. Jedes Land prägt aber seine eigenen Münzen: Eine Seite ist überall gleich, auf der anderen ist ein besonderes nationales Symbol abgebildet.

Der Euro

Einführung: _____

Am 1.1.2009 Zahlungsmittel in den folgenden Ländern:
_____
_____
_____

Gestaltung der _____ : überall gleich

Gestaltung der _____ : in den verschiedenen Ländern unterschiedlich

Geografie-Quiz

Kopiervorlage OK 11, zum KB, Seite 44

1 Was ist richtig? Kreuzen Sie an.

1. Die Hauptstadt der Bundesrepublik Deutschland heißt ...
   a Bonn. ☐   b Berlin. ☐   c München. ☐

2. Deutschland hat ca. ... Einwohner.
   a 80 Millionen ☐   b 8 Millionen ☐   c 800 Millionen ☐

3. Die drei größten Städte Deutschlands sind ...
   a Berlin, Bremen und Bonn. ☐   b Berlin, Hamburg und München. ☐
   c Köln, Frankfurt und Dortmund. ☐

4. Der längste Fluss Deutschlands, der Rhein, fließt durch die folgenden Bundesländer:
   a Baden-Württemberg und Bayern. ☐   b Sachsen, Sachsen-Anhalt, Brandenburg und Hamburg.
   c Baden-Württemberg, Rheinland-Pfalz, Hessen und Nordrhein-Westfalen. ☐

5. Der Grenzfluss zwischen Deutschland und Polen heißt ...
   a Donau. ☐   b Elbe. ☐   c Oder. ☐

6. Die Donau entspringt im Schwarzwald in ..., fließt weiter durch Bayern, Österreich, die Slowakei, Ungarn, Serbien, Bulgarien, Rumänien und die Ukraine. Sie mündet ins Schwarze Meer.
   a Bayern ☐   b Baden-Württemberg ☐   c Saarland ☐

7. Der höchste Berg Deutschlands, ..., ist 2962 m hoch und liegt in den / im ...
   a die Zugspitze / Alpen. ☐   b der Brocken / Harz. ☐   c der Fichtelberg / Erzgebirge.

8. Im Süden Deutschlands liegt der größte See, der ... . Dieser See bildet die Grenze zwischen ...
   a Bodensee / Deutschland, Österreich und der Schweiz. ☐
   b Chiemsee / Deutschland und Österreich. ☐
   c Starnberger See / Deutschland und der Schweiz. ☐

9. Die Inseln Sylt und Helgoland liegen ...
   a in der Ostsee. ☐   b im Mittelmeer. ☐   c in der Nordsee. ☐

10. In der Ostsee liegt die größte Insel Deutschlands (926 km²). Sie heißt ...
    a Usedom. ☐   b Rügen. ☐   c Fehmarn. ☐

11. Das größte Bundesland (Fläche) ist ...
    a Sachsen. ☐   b Brandenburg. ☐   c Bayern. ☐

12. Das kleinste Bundesland (Fläche) ist ...
    a Bremen. ☐   b Hamburg. ☐   c Berlin. ☐

13. Die höchste Einwohnerzahl hat das Bundesland ...
    a Nordrhein-Westfalen. ☐   b Thüringen. ☐   c Saarland. ☐

14. Deutschland ist umgeben von ... Staaten.
    a fünf (Niederlande, Frankreich, Schweiz, Österreich und Tschechien) ☐
    b zehn (Dänemark, Niederlande, Belgien, Luxemburg, Frankreich, Schweiz, Italien, Österreich, Tschechien und Polen) ☐
    c neun (Dänemark, Niederlande, Belgien, Luxemburg, Frankreich, Schweiz, Österreich, Tschechien und Polen) ☐

2 Überprüfen Sie Ihre Lösungen auf der Karte im Buch (Umschlag).

Die deutsche Küche

Kopiervorlage OK 12, zum KB, Seite 45

1 **Kennen Sie die deutsche Küche?**
  Lesen Sie die Namen der Gerichte und ordnen Sie sie den Fotos zu.

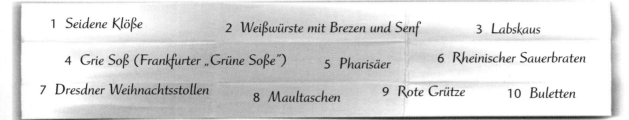

1 Seidene Klöße   2 Weißwürste mit Brezen und Senf   3 Labskaus
4 Grie Soß (Frankfurter „Grüne Soße")   5 Pharisäer   6 Rheinischer Sauerbraten
7 Dresdner Weihnachtsstollen   8 Maultaschen   9 Rote Grütze   10 Buletten

Buletten, Grüne Soße + Rote Grütze: © Knorr; Klöße: © Pfanni; Pharisäer: © Bildagentur Waldhäusl/Allover fotografen/TPH; alle anderen: MHV-Archiv

2 **Jedes Gericht ist Spezialität in einem Bundesland bzw. mehrerer Bundesländer. Wissen Sie welche? Schreiben Sie das jeweilige Bundesland / die jeweiligen Bundesländer zu jedem Gericht.**

Baden-Württemberg   Bayern   Nordrhein-Westfalen   Brandenburg   Sachsen-Anhalt
Saarland   Berlin   Niedersachsen   Sachsen   Bremen   Hamburg
Mecklenburg-Vorpommern   Rheinland-Pfalz   Schleswig-Holstein   Thüringen

3 **Arbeiten Sie zu zweit: Welches Gericht würden Sie gern probieren?**
  Suchen Sie im Internet, in deutschen Kochbüchern usw. das entsprechende Rezept.
  Kochen Sie es zu Hause nach und bringen Sie es in den Kurs mit. Lassen Sie die anderen Kursteilnehmer/-innen probieren.

Meine Religion

Kopiervorlage OK 13, zum KB, Seiten 52 + 53

1 Welcher Religion gehören Sie an? Machen Sie ein Assoziogramm.

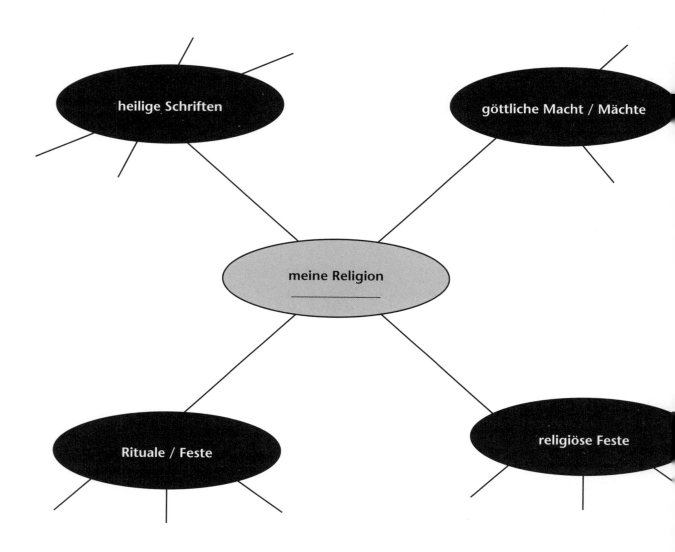

2 Präsentieren Sie das Assoziogramm und vergleichen Sie mit den anderen Gruppen.

Kulturelle Orientierung – das Eisbergmodell der Kultur

Kopiervorlage OK 14, zum KB, Seite 55

1 Über oder unter dem Wasser? Lesen Sie den Text. Ergänzen Sie in der Grafik die genannten „Elemente" der Kultur.

Das sogenannte Eisbergmodell versucht, am Bild eines Eisberges den Begriff der Kultur zu erklären. Ein Eisberg ist eine große Eismasse, die im Meer schwimmt. Die Grafik macht deutlich, dass nur ein kleiner Teil des Eisberges über die Wasseroberfläche (ca. 1/8–1/5) aufragt. Man sieht also nur einen kleinen Teil davon, der größere Teil ist im Wasser „versteckt".

Einem Eisberg ähnlich ist die Kultur und die menschliche Wahrnehmung von Kultur. Nur ein kleiner Teil der Kultur ist „sichtbar" und relativ einfach zu erkennen. Dazu gehören v. a. die Sprache, das Aussehen der Menschen, das Verhalten und die Produkte, die die Menschen eines Kulturkreises herstellen (von Kleidung angefangen bis hin zu Autos). Ein größerer Teil der Kultur befindet sich „versteckt unterm Wasser", das heißt, er wird nicht gleich wahrgenommen. Werte, Normen, Sitten, Gebräuche, Vorschriften, Erwartungen und Einstellungen bleiben vorerst unter der Oberfläche versteckt und es bedarf mehr Energie, Engagement und Anstrengung, um auch diese Elemente einer fremden Kultur kennenzulernen.

2 Nennen Sie zu den „Elementen" konkrete Beispiele.

3 Vergleichen und diskutieren Sie Ihre Lösungen im Kurs.

Bundesrepublik Deutschland: Regierungsbezirke

Stimmzettel für die Bundestagswahl

Kopiervorlage EK 2, zum KB, Seite 13

Anlage 26   Stimmzettelmuster
(zu § 28 Abs. 3 und § 45 Abs. 1 BWO)

- Mindestens DIN A 4 -

Stimmzettel
für die Wahl zum Deutschen Bundestag im Wahlkreis 63 Bonn

am ....

Sie haben 2 Stimmen

hier 1 Stimme   hier 1 Stimme

für die Wahl   für die Wahl

eines/einer Wahlkreis-abgeordneten   **einer Landesliste (Partei)**
- maßgebende Stimme für die Verteilung der Sitze insgesamt auf die einzelnen Parteien -

Erststimme   Zweitstimme

#	Erststimme		#	Zweitstimme	
1	**Kelber,** Ulrich — Dipl. Informatiker, Bonn-Beuel, Neustraße 37 — **SPD** (Sozialdemokratische Partei Deutschlands)	○	1	**SPD**	Sozialdemokratische Partei Deutschlands — Franz Müntefering, Anke Fuchs, Rudolf Dreßler, Wolf-Michael Catenhusen, Ingrid Matthäus-Maier
2	**Hauser,** Norbert — Rechtsanwalt, Bonn-Bad Godesberg, Elfstraße 26 — **CDU** (Christlich Demokratische Union Deutschlands)	○	2	**CDU**	Christlich Demokratische Union Deutschlands — Dr. Norbert Blüm, Peter Hintze, Irmgard Karwatzki, Dr. Norbert Lammert, Dr. Jürgen Rüttgers
3	**Dr. Westerwelle,** Guido — Rechtsanwalt, Bonn, Heerstraße 85 — **F.D.P.** (Freie Demokratische Partei)	○	3	**F.D.P.**	Freie Demokratische Partei — Dr. Guido Westerwelle, Jürgen W. Möllemann, Ulrike Flach, Paul Friedhoff, Dr. Werner H. Hoyer
4	**Manemann,** Coletta — Dipl. Pädagogin, Bonn, Humboldtstraße 2 — **GRÜNE** (BÜNDNIS 90/ DIE GRÜNEN)	○	4	**GRÜNE**	BÜNDNIS 90 / DIE GRÜNEN — Kerstin Müller, Ludger Volmer, Christa Nickels, Dr. Reinhard Loske, Simone Probst
			5	**PDS**	Partei des Demokratischen Sozialismus — Ulla Jelpke, Ursula Lötzer, Knud Vöcking, Ernst Dmytrowski, Astrid Keller
			6	**Deutsch-land**	Ab jetzt ... Bündnis für Deutschland — Horst Zaborowski, Dr.-Ing. Helmut Fleck, Dietmar-Lothar Dender, Ricardo Pielsticker, Uwe Karg
			7	**APPD**	Anarchistische Pogo - Partei Deutschlands — Rainer Kaufmann, Matthias Bender, Daniel-Lars Kroll, Markus Bittmann, Markus Rykalski
8	**Müchler,** Frank — Buchhändler, Düsseldorf, Ohligserstraße 45 — **BüSo** (Bürgerrechts-bewegung Solidarität)	○	8	**BüSo**	Bürgerrechtsbewegung Solidarität — Helga Zepp-LaRouche, Karl-Michael Vitt, Andreas Schumacher, Hildegard Reynen-Kaiser, Walter vom Stein

Bundestag: Parteien und Sitzverteilung

Kopiervorlage EK 3, zum KB, Seite 13

Welche Parteien sind im Bundestag vertreten, und wie ist die aktuelle Sitzverteilung? Tragen Sie die Parteien mit ihren Namen und Farben ein.

Namen

Bundespräsident/-in _____

Bundeskanzler/-in _____

Parteivorsitzende   CDU: _____

                              CSU: _____

                              Die Grünen: _____

                              Die Linke: _____

                              FDP: _____

                              SPD: _____

Grund- und Bürgerrechte

Kennen Sie die wichtigsten Grund- und Bürgerrechte? Ordnen Sie zu.

1	Achtung der Menschenwürde	a	Jeder hat ein Recht auf Leben; Folter ist verboten.
2	Grundrechtsbindung der staatlichen Gewalt	b	Männer und Frauen sind vor dem Gesetz gleich.
3	Recht auf Leben und körperliche Unversehrtheit	c	Niemand darf wegen seiner Herkunft oder wegen seines Aussehens schlechter behandelt werden.
4	Gleichheit vor dem Gesetz	d	Der Schutz des Menschen ist oberstes Prinzip der Verfassung.
5	Gleichberechtigung von Mann und Frau	e	Jeder darf seine Meinung frei äußern.
6	Diskriminierungsverbot	f	Der Staat schützt Ehe und Familie in besonderem Maße.
7	Glaubens-, Gewissens- und Bekenntnisfreiheit	g	Jeder muss sich an die Grundrechte halten, auch der Staat.
8	Recht auf freie Meinungsäußerung	h	Man darf seinen Wohn- und Arbeitsort frei wählen.
9	Schutz von Ehe und Familie	i	Jeder Mensch ist vor dem Gesetz gleich.
10	Versammlungsfreiheit	j	Jeder darf seine Religion frei praktizieren.
11	Freizügigkeit im Bundesgebiet	k	Man darf Bitten und Beschwerden direkt an das Parlament richten.
12	Freie Berufswahl	l	Alle Deutschen ab 18 dürfen wählen, z. B. den Bundestag.
13	Petitionsrecht	m	Deutsche dürfen unter bestimmten Voraussetzungen in öffentlichen Ämtern tätig sein, z. B. als Abgeordneter oder Richter.
14	Zugang zu öffentlichen Ämtern	n	Man darf sich in der Öffentlichkeit (gewaltlos) versammeln.
15	Wahlrecht	o	Jeder Ausländer kann in Deutschland Asyl beantragen.
16	Asylrecht	p	Man darf seinen Beruf frei wählen. Man darf nicht zu einer bestimmten Arbeit gezwungen werden.

Strafprozess

Kopiervorlage EK 5, zum KB, Seite 19

Ordnen Sie zu.

1 Richter   a Privatperson, die vom Gericht berufen wird und als ehrenamtlicher Richter auftritt. Sie beschließt am Prozessende zusammen mit dem Richter das Urteil. (Man kann sich für diese „Tätigkeit" bewerben: Man muss deutscher Staatsbürger sein, darf keine Vorstrafen haben und man muss mindestens 24 Jahre alt sein.)

2 Rechtsanwalt   b vertritt die Seite der Anklage

3 Staatsanwalt   c eine Person, die zu einer Straftat etwas aussagen kann, z. B. weil sie die Straftat beobachtet hat

4 Angeklagter   d Verhandlung vor Gericht, die genauen rechtlichen Regeln folgt (Befragung des Angeklagten und von Zeugen durch Staatsanwalt und Rechtsanwalt; am Ende gibt es ein Urteil)

5 Prozess   e Verkündung der Strafe, wenn der Angeklagte schuldig ist, bzw. des Freispruchs, wenn er unschuldig ist

6 Schöffe   f „neutrale" Person; stellt am Ende des Verfahrens fest, ob der Angeklagte schuldig ist, und setzt das Strafmaß fest oder spricht ihn frei, wenn er unschuldig ist oder eine Schuld nicht nachgewiesen werden kann

7 Zeuge   g der Täter, der einer (Straf)tat beschuldigt wird

8 Urteil   h vertritt den Angeklagten

Deutschland in der ersten Hälfte des 19. Jahrhunderts

Ordnen Sie die Texte den Bildern zu.

A
Die Grenzen innerhalb des Deutschen Bundes ermöglichen keinen freien Handel zwischen den einzelnen Staaten. Das hat negative Auswirkungen auf die wirtschaftliche Entwicklung. Industrie und Handel fordern einen Abbau der Handelsschranken. 1834 wird der Zollverein gegründet, eine große Freihandelszone innerhalb des Deutschen Bundes.

B
Am Anfang des 19. Jahrhunderts gibt es eine große Zahl deutscher Staaten, die von souveränen Fürsten regiert wurden. 1815 schließen sich 39 deutsche Staaten zum Deutschen Bund zusammen. Die größten Staaten sind Österreich, Preußen und Bayern. Der Deutsche Bund ist in erster Linie ein Militärbündnis. Die einzelnen Landesfürsten sind nicht an einem deutschen Zentralstaat interessiert und lehnen jede Form von Demokratie ab.

C
In der ersten Hälfte des 19. Jahrhunderts setzt auch im Deutschen Bund die Industrialisierung ein. Fabriken entstehen, die Städte wachsen. Der Einfluss der bürgerlichen Fabrikbesitzer wächst. Sie wollen eine liberalere Politik und freie Handelswege.
Viele Handwerker und Bauern werden zu Fabrikarbeitern. Es entsteht ein Proletariat. Die Arbeitsbedingungen sind katastrophal: Die Menschen arbeiten bis zu 18 Stunden pro Tag. Sie haben keine Rechte, Kinderarbeit ist normal.

D
Die soziale Lage großer Teile der Bevölkerung ist schlecht, hinzu kommt durch schlechte Ernten ein Mangel an Nahrungsmitteln. Viele Menschen verlassen deshalb ihre Heimat und wandern aus, vor allem nach Amerika.
Kritische Schriftsteller und liberale Politiker werden vom Staat verfolgt und gehen ins Exil. Hoffmann von Fallersleben schreibt im britischen Exil 1841 sein „Lied der Deutschen". Karl Marx arbeitet in London am „Kapital".

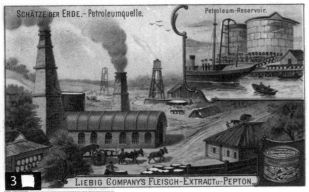

Sie sehen, Herr Grenzwächter, dass ich nichts zu verzollen habe. Wenn was hinten auf dem Wagen ist, das hat die Lippische Grenze noch nicht überschritten, in der Mitte ist nichts, und was vorn drauf ist, ist schon wieder über der Lippischen Grenze drüber.

Die Märzrevolution 1848 und die Nationalversammlung in der Paulskirche

Kopiervorlage EK 7, zu Modul 2

Ordnen Sie die Texte den Bildern zu.

A
Am 18. Mai 1848 tritt in der Frankfurter Paulskirche die deutsche Nationalversammlung zusammen. Sie hat die Aufgabe, die deutsche Einheit und eine deutsche Verfassung vorzubereiten. Die Paulskirchenverfassung sieht eine konstitutionelle Monarchie mit freien Wahlen und einem Kaiser als Staatsoberhaupt vor. Das Parlament möchte den preußischen König Friedrich Wilhelm IV. zum Kaiser krönen. Dieser lehnt jedoch ab.

B
Ab der zweiten Jahreshälfte 1848 formieren sich die antidemokratischen Kräfte in den Staaten des Deutschen Bundes. Nach und nach werden die liberalen Regierungen aufgelöst. Die preußische Armee wird zur Bekämpfung der Revolutionsarmeen eingesetzt. Sie wird von dem preußischen Prinzen Wilhelm angeführt, dem späteren Kaiser Wilhelm I. Mitte 1849 werden die letzten Revolutionäre im badischen Rastatt besiegt. Die Revolution ist gescheitert. Das Paulskirchenparlament ist bereits seit März 1849 aufgelöst.

C
Durch die soziale, wirtschaftliche und politische Lage in der ersten Hälfte des 19. Jahrhunderts kommt es immer wieder zu Unruhen. 1832 versammeln sich in der Nähe der pfälzischen Stadt Neustadt 30.000 Menschen und marschieren zum Hambacher Schloss. Sie fordern Freiheit, Bürgerrechte, die nationale Einheit Deutschlands und religiöse Toleranz. Studentische Burschenschaften tragen als demokratisches Symbol Flaggen in den Farben schwarz-rot-gold, die heutigen Farben der deutschen Flagge.

D
Im Frühjahr 1848 kommt es in verschiedenen deutschen Staaten zu Revolutionen. Die meisten Landesfürsten geben nach, und es entstehen erste Parlamente, die frei gewählt werden. Liberale Regierungen werden gebildet, die Pressezensur wird aufgehoben. Die Wahlen zu einer frei gewählten deutschen Nationalversammlung werden vorbereitet.

Das deutsche Kaiserreich bis zum Ersten Weltkrieg (1871–1914)

Kopiervorlage EK 8, zu Modul 2

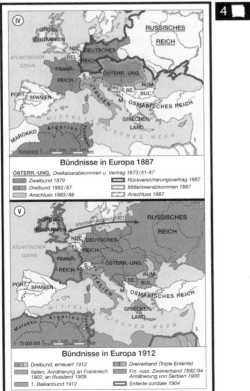

Ordnen Sie die Texte den Bildern zu.

A
1862 wird Otto von Bismarck preußischer Ministerpräsident. Eines seiner Ziele ist die Schaffung eines deutschen Nationalstaats unter der Führung von Preußen.
Nach seiner Ernennung zum deutscher Reichskanzler 1871 sichert er das deutsche Kaiserreich außenpolitisch durch Bündnisse mit mehreren europäischen Staaten, u.a. mit Österreich-Ungarn und Italien.
Deutschland erwirbt Kolonien in Afrika und Übersee, obwohl Bismarck kein Befürworter der Kolonialpolitik ist.
Innenpolitisch bekämpft er die sozialistischen Parteien und lässt sie mit dem „Sozialistengesetz" verbieten. Auf der anderen Seite führt er Sozialversicherungen (Kranken-, Unfall- und Rentenversicherung) ein, um die soziale Lage der Arbeiter zu verbessern.

B
In der Außenpolitik agiert Wilhelm II. nach der Entlassung Bismarcks wenig geschickt. Er kündigte einen geheimen Bündnisvertrag mit Russland, sodass sich am Anfang des 20. Jahrhunderts zwei starke Militärbündnisse gegenüberstanden: Deutschland, Österreich-Ungarn und Italien auf der einen Seite; England, Frankreich und Russland auf der anderen Seite.

C
1888 wird Wilhelm II. deutscher Kaiser. Er möchte das deutsche Reich zu einer weltpolitischen Großmacht machen. Während seiner Herrschaft wird die Armee stark aufgerüstet, vor allem die Kriegsflotte wird stark ausgebaut. Das Militär erhält einen überhöhten Stellenwert in der Gesellschaft. Ein Offiziersrang in der Armee ist Voraussetzung für eine spätere berufliche Karriere und einen gesellschaftlichen Aufstieg.
Wirtschaftlich wird Deutschland zur führenden Nation; „Made in Germany" wird zu einem Markenzeichen. Die wirtschaftlichen und technologischen Erfolge erlauben einen weiteren Ausbau der Sozialsysteme.

D
Nach der Revolution 1848/49 wächst der Wunsch nach einem deutschen Nationalstaat. Das Königreich Preußen wird durch mehrere Kriegserfolge immer mächtiger. 1866 wird der deutsche Bund aufgelöst; der Norddeutsche Bund unter der Führung Preußens wird gegründet. 1870 kommt es zu einem Krieg zwischen Frankreich und einer Allianz aus dem Norddeutschen Bund, Bayern, Württemberg und Baden. Am Ende dieses Krieges wird im Januar 1871 das deutsche Kaiserreich ausgerufen. Der preußische König Wilhelm I. wird deutscher Kaiser, Otto von Bismarck wird Reichskanzler.

Das Ende des Kaiserreichs im Ersten Weltkrieg (1914–1918)

Kopiervorlage EK 9, zu Modul 2

Ordnen Sie die Texte den Bildern zu.

A
1917 kommt es in Russland zur Oktoberrevolution; Russland beendet den Krieg. Dieses Ereignis bleibt nicht ohne Einfluss auf die deutschen Soldaten. Der Erste Weltkrieg wird immer noch mit großen Verlusten geführt, die deutsch-österreichisch-italienische Allianz wird immer mehr zurückgedrängt. Als die deutsche Marine im Oktober 1918 zu einer letzten großen Schlacht aufbrechen soll, weigern sich die Soldaten, es kommt zum sogenannten Matrosenaufstand. Die militärische Führung verliert die Kontrolle über die Armee. Am 9. November wird die deutsche Republik ausgerufen, am 10. November flieht der deutsche Kaiser nach Holland ins Exil. Am 11. November endet der Erste Weltkrieg. Etwa zehn Millionen Soldaten und sieben Millionen Zivilisten haben ihr Leben verloren.

B
Der Erste Weltkrieg wird mit einem ungeheueren Materialeinsatz geführt. Das Leben der Soldaten zählt dabei nichts. Auch Giftgas kommt zum Einsatz.
Ein Symbol für die große Menschenverachtung der militärischen Führungen ist die Schlacht um Verdun in Frankreich, wo sich deutsche und französisch-britische Truppen monatelang einen erbitterten Stellungskrieg liefern. Keine Seite kann einen militärischen Erfolg erringen. Allein in den Schlachten um Verdun gibt es 600.000 getötete und verwundete Soldaten.

C
Mitte 1914 kommt der österreichische Thronfolger Franz Ferdinand bei einem Attentat ums Leben. In der Folge erklärt Österreich Serbien den Krieg. Russland, das mit Serbien verbündet ist, mischt sich in dieser Situation ein. Einen Monat nach dem Attentat bricht der Erste Weltkrieg aus: Es stehen sich die beiden großen Militärbündnisse Deutschland, Österreich-Ungarn, Italien und England, Frankreich, Russland gegenüber.
In Deutschland gibt es in Teilen der Bevölkerung eine große Kriegsbegeisterung. Man ist überzeugt, dass der Krieg nicht lange dauert und dass Deutschland als Sieger hervorgeht.

D
Nach dem Ersten Weltkrieg hat Europa ein neues Gesicht. Neue Staaten wie die Tschechoslowakei und Jugoslawien entstehen. Deutschland und Österreich müssen große Teile ihres Staatsgebietes abgeben. Deutschland muss hohe Reparationen an die Siegermächte bezahlen; die deutsche Industrie ist zerstört. Die junge, demokratische Weimarer Republik leidet unter diesen Bedingungen, und schon wenige Jahre nach dem Ersten Weltkrieg wird der Einfluss nationaler und antidemokratischer Kräfte stärker, unter anderem auch der Nationalsozialistischen Deutschen Arbeiterpartei unter Adolf Hitler.

BIZ: Informationsangebote

Berufsinformationszentrum (BIZ) Traunstedt

Bei uns finden Sie Informationen rund um den Beruf und die Ausbildung.

Im Computer stehen bereit

1. www.arbeitsagentur.de mit den aktuellen Ausbildungsstellen
2. KURS – Angebote zu Aus- und Weiterbildungen
3. BERUFEnet – Porträts von Berufen und Berufsfeldern
5. Filme – über die meisten Ausbildungsberufe können Sie sich einen Film anschauen.

Außerdem finden Sie im Berufsinformationszentrum:

- Informationsmappen (mit Porträts von Aufgaben und Tätigkeiten, Voraussetzungen u. v. m. der Ausbildung oder des Studiums)
- Bücher und Zeitschriften zu den verschiedensten Berufen und Berufsgruppen
- Europa-Informationen zur Arbeit im europäischen Ausland

Alle diese Informationen sind natürlich kostenlos.

Einbürgerungstest: regionale Fragen

Kopiervorlage EK 11

1. Welches ist das Wappen Ihres Bundeslandes?
   Schauen Sie sich „Ihr" Wappen auf Seite 26 im Kursbuch an.

2. Welcher Landkreis ist ein Landkreis Ihres Bundeslandes?
   Falls Sie in einem Stadtstaat wohnen: Welcher Bezirk oder Stadtteil gehört zu Ihrem Stadtstaat?
   Kreuzen Sie an.

   - ☐ Prignitz
   - ☐ Altötting
   - ☐ Nordfriesland
   - ☐ Rhein-Sieg-Kreis
   - ☐ Altona
   - ☐ Vogtland
   - ☐ Main-Taunus-Kreis
   - ☐ Hemelingen
   - ☐ Demmin
   - ☐ Ammerland
   - ☐ Pankow
   - ☐ Emmendingen
   - ☐ Westerwaldkreis
   - ☐ Neunkirchen
   - ☐ Börde
   - ☐ Wartburgkreis

3. Für wie viele Jahre wird das Landesparlament in Ihrem Bundesland gewählt?

   ☐ 3 ☐ 4 ☐ 5 ☐ 6

4. Ab welchem Alter darf man in Ihrem Bundesland bei den Kommunalwahlen wählen?

   ☐ 14 ☐ 16 ☐ 18 ☐ 21

5. a Wie sieht die Flagge Ihres Bundeslandes aus?

   b Wie heißen die Landesfarben? Notieren Sie die Farben.

   _____

   (Informieren Sie sich bei Ihrer Landeszentrale für politische Bildung oder im Internet.)

6. Wo können Sie sich in Ihrem Bundesland über politische Themen informieren?

   - ☐ beim Ordnungsamt der Gemeinde
   - ☐ bei den Kirchen
   - ☐ bei der Verbraucherzentrale
   - ☐ bei der Landeszentrale für politische Bildung

7. Notieren Sie den Namen der Hauptstadt Ihres Bundeslandes: _____

8. Markieren Sie den Namen Ihres Bundeslandes in der Kopiervorlage EK 1.

9. Wie nennt man den Regierungschef / die Regierungschefin Ihres Bundeslandes?

   - ☐ Ministerpräsident / Ministerpräsidentin
   - ☐ Oberbürgermeister / Oberbürgermeisterin
   - ☐ Präsident / Präsidentin des Senats
   - ☐ Regierender Bürgermeister / Regierende Bürgermeisterin

10. Welches Ministerium, bzw. welchen Senat gibt es in Ihrem Bundesland/Stadtstaat nicht?

    - ☐ Justiz
    - ☐ Außenbeziehungen
    - ☐ Finanzen
    - ☐ Inneres

Grundgesetz der Bundesrepublik Deutschland
Artikel 7 bis 20

I. Die Grundrechte

Artikel 7
(1) Das gesamte Schulwesen steht unter der Aufsicht des Staates.
(2) Die Erziehungsberechtigten haben das Recht, über die Teilnahme des Kindes am Religionsunterricht zu bestimmen.
(3) Der Religionsunterricht ist in den öffentlichen Schulen mit Ausnahme der bekenntnisfreien Schulen ordentliches Lehrfach. Unbeschadet des staatlichen Aufsichtsrechtes wird der Religionsunterricht in Übereinstimmung mit den Grundsätzen der Religionsgemeinschaften erteilt. Kein Lehrer darf gegen seinen Willen verpflichtet werden, Religionsunterricht zu erteilen.
(4) Das Recht zur Errichtung von privaten Schulen wird gewährleistet. Private Schulen als Ersatz für öffentliche Schulen bedürfen der Genehmigung des Staates und unterstehen den Landesgesetzen. Die Genehmigung ist zu erteilen, wenn die privaten Schulen in ihren Lehrzielen und Einrichtungen sowie in der wissenschaftlichen Ausbildung ihrer Lehrkräfte nicht hinter den öffentlichen Schulen zurückstehen und eine Sonderung der Schüler nach den Besitzverhältnissen der Eltern nicht gefördert wird. Die Genehmigung ist zu versagen, wenn die wirtschaftliche und rechtliche Stellung der Lehrkräfte nicht genügend gesichert ist.
(5) Eine private Volksschule ist nur zuzulassen, wenn die Unterrichtsverwaltung ein besonderes pädagogisches Interesse anerkennt oder, auf Antrag von Erziehungsberechtigten, wenn sie als Gemeinschaftsschule, als Bekenntnis- oder Weltanschauungsschule errichtet werden soll und eine öffentliche Volksschule dieser Art in der Gemeinde nicht besteht.
(6) Vorschulen bleiben aufgehoben.

Artikel 8
(1) Alle Deutschen haben das Recht, sich ohne Anmeldung oder Erlaubnis friedlich und ohne Waffen zu versammeln.
(2) Für Versammlungen unter freiem Himmel kann dieses Recht durch Gesetz oder aufgrund eines Gesetzes beschränkt werden.

Artikel 9
(1) Alle Deutschen haben das Recht, Vereine und Gesellschaften zu bilden.
(2) Vereinigungen, deren Zwecke oder deren Tätigkeit den Strafgesetzen zuwiderlaufen oder die sich gegen die verfassungsmäßige Ordnung oder gegen den Gedanken der Völkerverständigung richten, sind verboten.
(3) Das Recht, zur Wahrung und Förderung der Arbeits- und Wirtschaftsbedingungen Vereinigungen zu bilden, ist für jedermann und für alle Berufe gewährleistet. Abreden, die dieses Recht einschränken oder zu behindern suchen, sind nichtig, hierauf gerichtete Maßnahmen sind rechtswidrig. Maßnahmen nach den Artikeln 12a, 35 Abs. 2 und 3, Artikel 87a Abs. 4 und Artikel 91 dürfen sich nicht gegen Arbeitskämpfe richten, die zur Wahrung und Förderung der Arbeits- und Wirtschaftsbedingungen von Vereinigungen im Sinne des Satzes 1 geführt werden.

Artikel 10
(1) Das Briefgeheimnis sowie das Post- und Fernmeldegeheimnis sind unverletzlich.
(2) Beschränkungen dürfen nur aufgrund eines Gesetzes angeordnet werden. Dient die Beschränkung dem Schutze der freiheitlichen demokratischen Grundordnung oder des Bestandes oder der Sicherung des Bundes oder eines Landes, so kann das Gesetz bestimmen, dass sie dem Betroffenen nicht mitgeteilt wird und dass an die Stelle des Rechtsweges die Nachprüfung durch von der Volksvertretung bestellte Organe und Hilfsorgane tritt.

Artikel 11
(1) Alle Deutschen genießen Freizügigkeit im ganzen Bundesgebiet.
(2) Dieses Recht darf nur durch Gesetz oder aufgrund eines Gesetzes und nur für die Fälle eingeschränkt werden, in denen eine ausreichende Lebensgrundlage nicht vorhanden ist und der Allgemeinheit daraus besondere Lasten entstehen würden oder in denen es zur Abwehr einer drohenden Gefahr für den Bestand oder die freiheitliche demokratische Grundordnung des Bundes oder eines Landes, zur Bekämpfung von Seuchengefahr, Naturkatastrophen oder besonders schweren Unglücksfällen, zum Schutze der Jugend vor Verwahrlosung oder um strafbaren Handlungen vorzubeugen, erforderlich ist.

Artikel 12
(1) Alle Deutschen haben das Recht, Beruf, Arbeitsplatz und Ausbildungsstätte frei zu wählen. Die Berufsausübung kann durch Gesetz oder aufgrund eines Gesetzes geregelt werden.
(2) Niemand darf zu einer bestimmten Arbeit gezwungen werden, außer im Rahmen einer herkömmlichen allgemeinen, für alle gleichen öffentlichen Dienstleistungspflicht.
(3) Zwangsarbeit ist nur bei einer gerichtlich angeordneten Freiheitsentziehung zulässig.

Artikel 12a
(1) Männer können vom vollendeten achtzehnten Lebensjahr an zum Dienst in den Streitkräften, im

Grundgesetz der Bundesrepublik Deutschland
Artikel 7 bis 20

Bundesgrenzschutz oder in einem Zivilschutzverband verpflichtet werden.

(2) Wer aus Gewissensgründen den Kriegsdienst mit der Waffe verweigert, kann zu einem Ersatzdienst verpflichtet werden. Die Dauer des Ersatzdienstes darf die Dauer des Wehrdienstes nicht übersteigen. Das Nähere regelt ein Gesetz, das die Freiheit der Gewissensentscheidung nicht beeinträchtigen darf und auch eine Möglichkeit des Ersatzdienstes vorsehen muss, die in keinem Zusammenhang mit den Verbänden der Streitkräfte und des Bundesgrenzschutzes steht.

(3) Wehrpflichtige, die nicht zu einem Dienst nach Absatz 1 oder 2 herangezogen sind, können im Verteidigungsfalle durch Gesetz oder aufgrund eines Gesetzes zu zivilen Dienstleistungen für Zwecke der Verteidigung einschließlich des Schutzes der Zivilbevölkerung in Arbeitsverhältnisse verpflichtet werden; Verpflichtungen in öffentlich-rechtliche Dienstverhältnisse sind nur zur Wahrnehmung polizeilicher Aufgaben oder solcher hoheitlichen Aufgaben der öffentlichen Verwaltung, die nur in einem öffentlich-rechtlichen Dienstverhältnis erfüllt werden können, zulässig. Arbeitsverhältnisse nach Satz 1 können bei den Streitkräften, im Bereich ihrer Versorgung sowie bei der öffentlichen Verwaltung begründet werden; Verpflichtungen in Arbeitsverhältnisse im Bereiche der Versorgung der Zivilbevölkerung sind nur zulässig, um ihren lebensnotwendigen Bedarf zu decken oder ihren Schutz sicherzustellen.

(4) Kann im Verteidigungsfalle der Bedarf an zivilen Dienstleistungen im zivilen Sanitäts- und Heilwesen sowie in der ortsfesten militärischen Lazarettorganisation nicht auf freiwilliger Grundlage gedeckt werden, so können Frauen vom vollendeten achtzehnten bis zum vollendeten fünfundfünfzigsten Lebensjahr durch Gesetz oder aufgrund eines Gesetzes zu derartigen Dienstleistungen herangezogen werden. Sie dürfen auf keinen Fall zum Dienst mit der Waffe verpflichtet werden.

(5) Für die Zeit vor dem Verteidigungsfalle können Verpflichtungen nach Absatz 3 nur nach Maßgabe des Artikels 80a Abs. 1 begründet werden. Zur Vorbereitung auf Dienstleistungen nach Absatz 3, für die besondere Kenntnisse oder Fertigkeiten erforderlich sind, kann durch Gesetz oder aufgrund eines Gesetzes die Teilnahme an Ausbildungsveranstaltungen zur Pflicht gemacht werden. Satz 1 findet insoweit keine Anwendung.

(6) Kann im Verteidigungsfalle der Bedarf an Arbeitskräften für die in Absatz 3 Satz 2 genannten Bereiche auf freiwilliger Grundlage nicht gedeckt werden, so kann zur Sicherung dieses Bedarfs die Freiheit der Deutschen, die Ausübung eines Berufs oder den Arbeitsplatz aufzugeben, durch Gesetz oder aufgrund eines Gesetzes eingeschränkt werden. Vor Eintritt des Verteidigungsfalles gilt Absatz 5 Satz 1 entsprechend.

Artikel 13

(1) Die Wohnung ist unverletzlich.

(2) Durchsuchungen dürfen nur durch den Richter, bei Gefahr im Verzuge auch durch die in den Gesetzen vorgesehenen anderen Organe angeordnet und nur in der dort vorgeschriebenen Form durchgeführt werden.

(3) Begründen bestimmte Tatsachen den Verdacht, dass jemand eine durch Gesetz einzeln bestimmte besonders schwere Straftat begangen hat, so dürfen zur Verfolgung der Tat aufgrund richterlicher Anordnung technische Mittel zur akustischen Überwachung von Wohnungen, in denen der Beschuldigte sich vermutlich aufhält, eingesetzt werden, wenn die Erforschung des Sachverhalts auf andere Weise unverhältnismäßig erschwert oder aussichtslos wäre. Die Maßnahme ist zu befristen. Die Anordnung erfolgt durch einen mit drei Richtern besetzten Spruchkörper. Bei Gefahr im Verzuge kann sie auch durch einen einzelnen Richter getroffen werden.

(4) Zur Abwehr dringender Gefahren für die öffentliche Sicherheit, insbesondere einer gemeinen Gefahr oder einer Lebensgefahr, dürfen technische Mittel zur Überwachung von Wohnungen nur aufgrund richterlicher Anordnung eingesetzt werden. Bei Gefahr im Verzuge kann die Maßnahme auch durch eine andere gesetzlich bestimmte Stelle angeordnet werden; eine richterliche Entscheidung ist unverzüglich nachzuholen.

(5) Sind technische Mittel ausschließlich zum Schutze der bei einem Einsatz in Wohnungen tätigen Personen vorgesehen, kann die Maßnahme durch eine gesetzlich bestimmte Stelle angeordnet werden. Eine anderweitige Verwertung der hierbei erlangten Erkenntnisse ist nur zum Zwecke der Strafverfolgung oder der Gefahrenabwehr und nur zulässig, wenn zuvor die Rechtmäßigkeit der Maßnahme richterlich festgestellt ist; bei Gefahr im Verzuge ist die richterliche Entscheidung unverzüglich nachzuholen.

(6) Die Bundesregierung unterrichtet den Bundestag jährlich über den nach Absatz 3 sowie über den im Zuständigkeitsbereich des Bundes nach Absatz 4 und, soweit richterlich überprüfungsbedürftig, nach Absatz 5 erfolgten Einsatz technischer Mittel. Ein vom Bundestag gewähltes Gremium übt auf der Grundlage dieses Berichts die parlamentarische Kontrolle aus. Die Länder gewährleisten eine gleichwertige parlamentarische Kontrolle.

Grundgesetz der Bundesrepublik Deutschland
Artikel 7 bis 20

(7) Eingriffe und Beschränkungen dürfen im Übrigen nur zur Abwehr einer gemeinen Gefahr oder einer Lebensgefahr für einzelne Personen, aufgrund eines Gesetzes auch zur Verhütung dringender Gefahren für die öffentliche Sicherheit und Ordnung, insbesondere zur Behebung der Raumnot, zur Bekämpfung von Seuchengefahr oder zum Schutze gefährdeter Jugendlicher vorgenommen werden.

Artikel 14
(1) Das Eigentum und das Erbrecht werden gewährleistet. Inhalt und Schranken werden durch die Gesetze bestimmt.
(2) Eigentum verpflichtet. Sein Gebrauch soll zugleich dem Wohle der Allgemeinheit dienen.
(3) Eine Enteignung ist nur zum Wohle der Allgemeinheit zulässig. Sie darf nur durch Gesetz oder aufgrund eines Gesetzes erfolgen, das Art und Ausmaß der Entschädigung regelt. Die Entschädigung ist unter gerechter Abwägung der Interessen der Allgemeinheit und der Beteiligten zu bestimmen. Wegen der Höhe der Entschädigung steht im Streitfalle der Rechtsweg vor den ordentlichen Gerichten offen.

Artikel 15
Grund und Boden, Naturschätze und Produktionsmittel können zum Zwecke der Vergesellschaftung durch ein Gesetz, das Art und Ausmaß der Entschädigung regelt, in Gemeineigentum oder in andere Formen der Gemeinwirtschaft überführt werden. Für die Entschädigung gilt Artikel 14 Absatz 3 Satz 3 und 4 entsprechend.

Artikel 16
(1) Die deutsche Staatsangehörigkeit darf nicht entzogen werden. Der Verlust der Staatsangehörigkeit darf nur aufgrund eines Gesetzes und gegen den Willen des Betroffenen nur dann eintreten, wenn der Betroffene dadurch nicht staatenlos wird.
(2) Kein Deutscher darf an das Ausland ausgeliefert werden. Durch Gesetz kann eine abweichende Regelung für Auslieferungen an einen Mitgliedstaat der Europäischen Union oder an einen internationalen Gerichtshof getroffen werden, soweit rechtsstaatliche Grundsätze gewahrt sind.

Artikel 16a
(1) Politisch Verfolgte genießen Asylrecht.
(2) Auf Absatz 1 kann sich nicht berufen, wer aus einem Mitgliedstaat der Europäischen Gemeinschaften oder aus einem anderen Drittstaat einreist, in dem die Anwendung des Abkommens über die Rechtsstellung der Flüchtlinge und der Konvention zum Schutze der Menschenrechte und Grundfreiheiten sichergestellt ist. Die Staaten außerhalb der Europäischen Gemeinschaften, auf die die Voraussetzungen des Satzes 1 zutreffen, werden durch Gesetz, das der Zustimmung des Bundesrates bedarf, bestimmt. In den Fällen des Satzes 1 können aufenthaltsbeendende Maßnahmen unabhängig von einem hiergegen eingelegten Rechtsbehelf vollzogen werden.
(3) Durch Gesetz, das der Zustimmung des Bundesrates bedarf, können Staaten bestimmt werden, bei denen aufgrund der Rechtslage, der Rechtsanwendung und der allgemeinen politischen Verhältnisse gewährleistet erscheint, dass dort weder politische Verfolgung noch unmenschliche oder erniedrigende Bestrafung oder Behandlung stattfindet. Es wird vermutet, dass ein Ausländer aus einem solchen Staat nicht verfolgt wird, solange er nicht Tatsachen vorträgt, die die Annahme begründen, dass er entgegen dieser Vermutung politisch verfolgt wird.
(4) Die Vollziehung aufenthaltsbeendender Maßnahmen wird in den Fällen des Absatzes 3 und in anderen Fällen, die offensichtlich unbegründet sind oder als offensichtlich unbegründet gelten, durch das Gericht nur ausgesetzt, wenn ernstliche Zweifel an der Rechtmäßigkeit der Maßnahme bestehen; der Prüfungsumfang kann eingeschränkt werden und verspätetes Vorbringen unberücksichtigt bleiben. Das Nähere ist durch Gesetz zu bestimmen.
(5) Die Absätze 1 bis 4 stehen völkerrechtlichen Verträgen von Mitgliedstaaten der Europäischen Gemeinschaften untereinander und mit dritten Staaten nicht entgegen, die unter Beachtung der Verpflichtungen aus dem Abkommen über die Rechtsstellung der Flüchtlinge und der Konvention zum Schutze der Menschenrechte und Grundfreiheiten, deren Anwendung in den Vertragsstaaten sichergestellt sein muss, Zuständigkeitsregelungen für die Prüfung von Asylbegehren einschließlich der gegenseitigen Anerkennung von Asylentscheidungen treffen.

Artikel 17
Jedermann hat das Recht, sich einzeln oder in Gemeinschaft mit anderen schriftlich mit Bitten oder Beschwerden an die zuständigen Stellen und an die Volksvertretung zu wenden.

Artikel 17a
(1) Gesetze über Wehrdienst und Ersatzdienst können bestimmen, dass für die Angehörigen der Streitkräfte und des Ersatzdienstes während der Zeit des Wehr- oder Ersatzdienstes das Grundrecht, seine Meinung in Wort, Schrift und Bild frei zu äußern und zu verbreiten (Artikel 5 Absatz 1 Satz 1

Grundgesetz der Bundesrepublik Deutschland
Artikel 7 bis 20

erster Halbsatz), das Grundrecht der Versammlungsfreiheit (Artikel 8) und das Petitionsrecht (Artikel 17), soweit es das Recht gewährt, Bitten oder Beschwerden in Gemeinschaft mit anderen vorzubringen, eingeschränkt werden.

(2) Gesetze, die der Verteidigung einschließlich des Schutzes der Zivilbevölkerung dienen, können bestimmen, dass die Grundrechte der Freizügigkeit (Artikel 11) und der Unverletzlichkeit der Wohnung (Artikel 13) eingeschränkt werden.

Artikel 18
Wer die Freiheit der Meinungsäußerung, insbesondere die Pressefreiheit (Artikel 5 Absatz 1), die Lehrfreiheit (Artikel 5 Absatz 3), die Versammlungsfreiheit (Artikel 8), die Vereinigungsfreiheit (Artikel 9), das Brief-, Post- und Fernmeldegeheimnis (Artikel 10), das Eigentum (Artikel 14) oder das Asylrecht (Artikel 16a) zum Kampfe gegen die freiheitliche demokratische Grundordnung missbraucht, verwirkt diese Grundrechte. Die Verwirkung und ihr Ausmaß werden durch das Bundesverfassungsgericht ausgesprochen.

Artikel 19
(1) Soweit nach diesem Grundgesetz ein Grundrecht durch Gesetz oder aufgrund eines Gesetzes eingeschränkt werden kann, muss das Gesetz allgemein und nicht nur für den Einzelfall gelten. Außerdem muß das Gesetz das Grundrecht unter Angabe des Artikels nennen.
(2) In keinem Falle darf ein Grundrecht in seinem Wesensgehalt angetastet werden.
(3) Die Grundrechte gelten auch für inländische juristische Personen, soweit sie ihrem Wesen nach auf diese anwendbar sind.
(4) Wird jemand durch die öffentliche Gewalt in seinen Rechten verletzt, so steht ihm der Rechtsweg offen. Soweit eine andere Zuständigkeit nicht begründet ist, ist der ordentliche Rechtsweg gegeben. Artikel 10 Abs. 2 Satz 2 bleibt unberührt.

II. Der Bund und die Länder

Artikel 20
(1) Die Bundesrepublik Deutschland ist ein demokratischer und sozialer Bundesstaat.
(2) Alle Staatsgewalt geht vom Volke aus. Sie wird vom Volke in Wahlen und Abstimmungen und durch besondere Organe der Gesetzgebung, der vollziehenden Gewalt und der Rechtsprechung ausgeübt.
(3) Die Gesetzgebung ist an die verfassungsmäßige Ordnung, die vollziehende Gewalt und die Rechtsprechung sind an Gesetz und Recht gebunden.
(4) Gegen jeden, der es unternimmt, diese Ordnung zu beseitigen, haben alle Deutschen das Recht zum Widerstand, wenn andere Abhilfe nicht möglich ist.

Artikel 20a
Der Staat schützt auch in Verantwortung für die künftigen Generationen die natürlichen Lebensgrundlagen und die Tiere im Rahmen der verfassungsmäßigen Ordnung durch die Gesetzgebung und nach Maßgabe von Gesetz und Recht durch die vollziehende Gewalt und die Rechtsprechung.

Quelle: http://www.bundestag.de/parlament/funktion/gesetze/grundgesetz/gg

Transkripte der Hörtexte

Track 1

Aufgabe von Städten und Gemeinden

4 Was macht die Stadt / die Gemeinde?

Rollen: L = Lehrerin, B = Bürgermeister Regner, S1 = Schüler, S2 = Schülerin

L: Vielen Dank, Herr Regner, dass Sie sich für uns ein wenig Zeit nehmen. Unsere Schüler machen ja gerade ein Projekt zum Thema „Die Stadt, in der wir leben".

R: Gern. Ich freue mich, dass ihr gekommen seid, und herzlich willkommen in unserem schönen Rathaus. Wir sind hier im großen Sitzungssaal, und ihr seht, das ist fast wie in einem Klassenzimmer: viele Tische und Stühle. Hier sitzen die Stadträte und sprechen über Dinge, die für unsere Stadt wichtig sind.

S1: Und Sie sind dann der Lehrer?

R: Na ja, nicht so ganz. Ich bin als Bürgermeister der Vorsitzende des Stadtrats, also so was Ähnliches wie der Chef, aber eigentlich besprechen wir alles gemeinsam.

S2: Herr Bürgermeister, wir haben ein paar Fragen aufgeschrieben. Wir möchten zum Beispiel wissen: Welche Aufgaben hat die Stadt?

R: Das ist eine ganze Menge. Wir haben mit vielen Dingen zu tun, die ihr kennt. Habt ihr euch schon einmal gefragt, woher das Wasser aus dem Wasserhahn kommt oder wer den Müll abtransportiert? Die Wasserversorgung und die Müllabfuhr gehören zu den Aufgaben der Stadt. Wir tun auch viel für die Gesundheit und dass die Menschen hier gut leben können. Dafür gibt es ein Gesundheitsamt. Als ihr in die Schule gekommen seid, seid ihr dort untersucht worden. Das Gesundheitsamt achtet zum Beispiel auch darauf, dass das Trinkwasser sauber ist und dass die Restaurants sauber und in Ordnung sind. Und wenn Menschen lange arbeitslos sind, hilft die Stadt ihnen. Sie bekommen dann Geld vom Sozialamt.
Und habt ihr schon einmal überlegt, warum es in unserer Stadt ein Schwimmbad gibt, im Nachbarort aber nicht? Auch das Schwimmbad haben wir gebaut, genauso wie die Schulen. Und für die Jugendlichen gibt es ein Jugendzentrum. Das kostet natürlich alles Geld.

S2: Und wer gibt der Stadt das ganze Geld?

R: Ihr wisst doch, dass es Geschäfte, Kaufhäuser und Fabriken bei uns gibt. Die müssen Steuern bezahlen, und diese Steuern bekommt die Stadt. Wir haben ein Gewerbeamt, und wenn ihr später mal eine eigene Firma aufmachen wollt oder ein Restaurant oder ein Geschäft, dann müsst ihr das dort anmelden.

S2: Und was macht die Stadt noch so?

R: Ach, noch eine ganze Menge. In Deutschland muss man sich ja anmelden, wenn man in eine Stadt oder eine Gemeinde zieht. Das ist zum Beispiel wichtig, wenn man einen Ausweis oder einen Pass braucht, oder wenn man eine Arbeit sucht. Dafür gibt es das Einwohnermeldeamt.

L: Ihr seht, Kinder, so ein Bürgermeister hat ganz schön viel zu tun. Herr Regner zeigt uns jetzt noch das Rathaus, und da könnt ihr weitere Fragen stellen.

Track 2

Politische Parteien und die Bundestagswahl

5a Aus dem Wahlstudio

Guten Abend, liebe Zuschauer, wir melden uns wieder aus dem Wahlstudio. Wir erwarten jeden Augenblick die aktuellen Zahlen. Und da kommen sie schon. Sehen wir uns die Grafik gemeinsam an. Die SPD kommt demnach auf 34,3 %. Das ist im Vergleich zur letzten Bundestagswahl mehr als 4 % weniger. Die CDU/CSU erreichen 35,2 % und sind damit die stärkste Fraktion im Bundestag. Bündnis '90/ Die Grünen kommen auf 8,1 %. Und nun die FDP – 9,8 %! Das ist ja fast ein sensationelles Ergebnis. Die FDP hat um mehr als 2 % zugelegt. Für eine Koalition mit der CDU/CSU wird es allerdings nicht reichen. Die neue linke Partei Die Linke kommt auf 8,7 % und schafft damit die 5 %-Hürde, was bedeutet, dass sie auch im nächsten Bundestag vertreten sein wird ...

Track 3

Gewaltenteilung

2a Radio für Kinder und Jugendliche, Abschnitt 1

Rollen: M = Moderatorin, B = Peter Brandt, A = Anna, Ma = Mark

M: Hallo, hier ist wieder das KiJu-Radio, Radio für Kinder und Jugendliche, heute mit Maraike am Mikrofon. Herzlich willkommen bei unserer Sendung. Heute geht's mal um ein politisches Thema: das politische System in Deutschland. Wir sind zu Gast im Heinrich-Heine-Gymnasium in Berlin. Und neben mir sitzt Peter Brandt. Herzlich willkommen.

Transkripte der Hörtexte

B: Hallo!
M: Peter ist von der Bundeszentrale für politische Bildung, und er macht dort die Kinderseite. Und dann sind bei mir noch Stefanie, Anna und Mark aus der neunten Klasse. Hallo!
A/Ma: Hallo/Hi!
M: Anna, wir haben uns schon vor der Sendung ein bisschen unterhalten und du hattest eine interessante Frage. Kannst du sie bitte noch mal wiederholen?
A: Ja, ich wollte wissen, was der Ausdruck „Rechtsstaat" bedeutet. In der Schule haben wir von der ersten amerikanischen Verfassung gehört, und unser Geschichtslehrer hatte dieses Wort benutzt. Was heißt das denn genau?
B: Hmm, das ist wirklich eine wichtige Frage. Die Verfassung, wie ihr wahrscheinlich wisst, ist so eine Sammlung der wichtigsten Regeln für die Menschen und für den Staat. Alle müssen sich an die Gesetze halten, auch der Staat und die Politiker. Der Staat darf nicht einfach tun, was er will. Gleichzeitig sorgt der Staat dafür, dass die Gesetze von allen Menschen respektiert werden. Er darf dabei aber seine Macht nicht unkontrolliert benutzen. Und wer kontrolliert jetzt den Staat?
Ihr wisst vielleicht: Die Politiker im Bundestag beschließen Gesetze. Die Regierung führt die Gesetze aus. Und dann gibt es die Gerichte. Die passen auf, dass der Staat die Gesetze einhält und die Rechte der Menschen schützt. Die Macht des Staates ist also verteilt auf das Parlament, die Regierung und die Gerichte. Und alle passen auf, dass niemand seine Macht missbraucht. Das nennt man „Gewaltenteilung". Und deshalb sprechen wir von „Rechtsstaat". Alle Kräfte im Staat und alle Menschen im Staat müssen das Recht achten. Niemand darf seine Macht missbrauchen.

Track 4

2c Abschnitt 2

Ma: Aber was passiert, wenn sich ein Staat nicht an diese Regeln und Gesetze hält?
B: Dann ist es eben kein Rechtsstaat, sondern eine Diktatur oder ein Polizeistaat. Das sind sozusagen Gegensätze zum Rechtsstaat. Bei einer Diktatur hält sich der Staat an keine Verfassung. Die Menschen, die in so einem Staat leben, haben dann auch keine Garantie für ihre Freiheit und Rechte.

Track 5

Sozialstaat Deutschland

2 Bei der Migrationsberatung für Erwachsene

Rollen: D = Beraterin, Frau Drescher, K = Herr Kowalski

K: Guten Tag, Frau Drescher.
D: Hallo, Herr Kowalski, setzen Sie sich doch. Na, wie geht es Ihnen? Wie sieht es mit Ihrem Job aus?
K: Na ja, ich habe immer noch keine Arbeit gefunden. Was sollen wir denn nur machen? Das Geld, das wir bekommen ... das ist sehr wenig, das reicht ja nicht ...
D: Das glaube ich Ihnen. Aber: Suchen Sie aber auf jeden Fall weiter. Wir können jetzt erst mal was tun, damit Sie vielleicht noch ein bisschen Geld dazu bekommen. Es gibt da einige finanzielle Hilfen vom Staat. Das wissen Sie, oder?
K: Ja, aber ich weiß nicht, wie das alles funktioniert.
D: Also, erst mal das Kindergeld. Das bekommen Sie doch schon, seitdem die Kleine auf der Welt ist. Wie heißt sie denn eigentlich?
K: Tanja.
D: Ein schöner Name.
Und dann gibt es für Kinder bis 14 Monate das Elterngeld. Aber dafür ist Tanja sicher schon zu alt. Aber in unserem Bundesland gibt es noch das Landeserziehungsgeld. Das können Sie beantragen. Das gibt es auch für Kinder, die älter sind als zwei Jahre. So alt ist aber Tanja noch nicht, oder?
K: Nein, sie ist erst eineinhalb.
D: Hmm, da gehen Sie in die Schillerstraße 32, dort ist die Erziehungsgeldstelle.
K: Aha. Und gibt es noch andere Möglichkeiten? Ich bekomme nämlich nur dieses Arbeitslosengeld II, weil ich doch schon so lange arbeitslos bin und ...
D: Ach so, ja. Hmm, Sie können auch eine Sozialwohnung beantragen.
K: Und wie macht man das?
D: Dafür müssen Sie einen Antrag beim Wohnungsamt stellen. Das ist in der Schlossstraße 8. Ich schreibe Ihnen beide Adressen auf – für die Erziehungsgeldstelle und das ...

Transkripte der Hörtexte

Track 6

Sozialstaat Deutschland

6b Altersvorsorge

Rollen: L = Frau Lübbe, B = Berater, Herr Böttger

L: Guten Tag, mein Name ist Lübbe. Ich habe heute bei Ihnen einen Termin wegen privater Vorsorge.
B: Ja. Hallo, Frau Lübbe. Böttger mein Name. Setzen Sie sich. Also, was genau möchten Sie wissen?
L: Na ja, man spricht jetzt überall darüber, dass die Rente in der Zukunft nicht mehr reichen wird und dass man selber vorsorgen sollte. Da wollte ich mich informieren, welche Möglichkeiten es grundsätzlich gibt.
B: Das stimmt, die gesetzliche Rentenvorsorge wird voraussichtlich in der Zukunft nur noch den Grundbedarf abdecken, aber nicht mehr den gewünschten Lebensstandard sichern können. Das ist durch die sogenannte Alterspyramide begründet: Da unsere Gesellschaft immer älter wird, werden zukünftig immer weniger Arbeitnehmer die Renten von immer mehr Rentnern finanzieren müssen. Und deshalb rechnet man damit, dass die Renten reduziert werden.
L: Und deshalb sollte man auch privat vorsorgen.
B: Ja. Und dafür gibt es im Prinzip zwei Möglichkeiten: die betriebliche Altersvorsorge und die private Vorsorge.
L: Eine Art der betrieblichen Vorsorge hat mein Mann mit seiner Firma abgeschlossen. Mich würde jetzt mehr die private Vorsorge interessieren.
B: Also die private Vorsorge ist freiwillig und das eingezahlte Geld steht daher im Prinzip nur der Person zu, die das Geld spart. Das gesparte Geld kann man entweder als Rente verbrauchen, dann bekommt man monatlich einen bestimmten Geldbetrag, oder es wird auf einmal ausbezahlt. Man unterscheidet zwischen der staatlich geförderten und der staatlich nicht geförderten Vorsorge. Dazu gehören z. B. private Kapitalversicherungen, Immobilienbesitz oder Wertpapiere.
L: Und die staatlich geförderte Vorsorge?
B: Bei der privaten Vorsorge sparen Sie ein Eigenkapital an. Der Staat fördert dies dann durch Zulagen und teilweise sind die Sparbeiträge auch steuerlich begünstigt. Dies ist z. B. auch bei der Riester-Rente der Fall. Riester-Verträge können Sie bei Banken, Bausparkassen, Versicherungs- und Fondsgesellschaften abschließen.
L: Und was passiert, wenn man die Arbeit verlieren sollte? Oder wenn man plötzlich aus gesundheitlichen Gründen nicht mehr arbeiten kann? Wird das Geld dann vom Sozialamt einberechnet?
B: Nein, das Sozialamt oder die Agentur für Arbeit dürfen auf dieses ersparte Geld nicht zugreifen. Wenn man aus gesundheitlichen Gründen nicht mehr seinen Beruf ausüben kann, wird eine sogenannte Erwerbsminderungsrente ausgezahlt. Diese beträgt allerdings im Normalfall nur 50 Prozent der vollen Rente.
L: Das ist aber sehr wenig!
B: Ja, auch deshalb sollte man privat vorsorgen. Denn in Zukunft wird es immer wichtiger werden ...

Track 7

Soziale Marktwirtschaft

2b Abmahnung: Gespräch beim Betriebsrat

Rollen: W = Frau Wehner, P = Herr Patel

P: Guten Tag, Frau Wehner. Kann ich reinkommen?
W: Guten Tag, Herr Patel. Aber ja, natürlich. Setzen Sie sich.
P: Danke.
W: Was kann ich für Sie tun?
P: Na ja, ich hab da so ein Problem ... wie soll ich es sagen ... ich habe von meinem Chef eine Abmahnung bekommen. Ich finde aber, dass diese Abmahnung nicht stimmt, also, dass sie nicht gerecht ist.
W: Na, erzählen Sie erst mal der Reihe nach. Was für Probleme gibt es denn?
P: Wissen Sie, ich habe manchmal kleine Probleme mit meinem Chef, weil ich immer meine Meinung offen sage. Aber andere Kollegen tun das Gleiche. Und jetzt will er mir mit der Kündigung drohen. Warum mir? Weil ich Ausländer bin?
W: Moment, langsam, Herr Patel, langsam. Wann haben Sie die Abmahnung bekommen?
P: Letzte Woche.
W: Hmm. Was steht denn in dem Brief?
P: Also in dem Brief steht so ungefähr, dass ich meine Arbeit nicht rechtzeitig schaffe. Aber das stimmt gar nicht! ... Ja, einmal habe ich eine Arbeit erst zwei Tage später geschafft, aber da war meine Tochter krank und ich musste mit ihr dreimal zum Arzt und musste also früher nach Hause gehen. Und ein anderes Mal bin ich ein bisschen zu spät in die Arbeit gekommen. Aber da sind andere Kollegen auch zu spät gekommen. Und die haben keinen Brief bekommen. Also passiert das, weil ich Ausländer bin.
W: Das sind keine Gründe für eine Abmahnung. Haben Sie den Brief dabei?

Seite 69

Transkripte der Hörtexte

P: Nein, leider nicht. Ich habe ihn zu Hause. Ich wollte erst mal mit Ihnen sprechen.
W: Gut. Dann machen wir Folgendes: Sie bringen mir die Abmahnung morgen mit und ich schaue sie mir genau an. Dann sprechen wir im Betriebsrat darüber, wenn Sie einverstanden sind.
P: Ja, natürlich.
W: Also, ich kann mir nicht recht vorstellen, dass Sie die Abmahnung bekommen haben, weil Sie Ausländer sind. Sie haben die gleichen Rechte wie deutsche Arbeitnehmer. Aber wir werden das selbstverständlich prüfen.
P: Vielen Dank, Frau Wehner. Äh, darf ich noch was fragen?
W: Gern, natürlich.
P: Ich habe gehört, es gibt Büros für Diskriminierungsfragen, die man auch fragen kann ...
W: Das ist richtig. So etwas gibt es auch in unserer Stadt. Dort können Sie sich natürlich auch mal informieren. Aber ich glaube nicht, dass das jetzt nötig ist. Warten wir doch erst einmal ab, bis wir das im Betriebsrat besprochen haben. Können Sie nächste Woche noch mal zu mir kommen? Dann kann ich Ihnen sicher mehr sagen.
P: Jaja, alles klar. Und danke noch mal. Bis nächste Woche dann.

Track 8

Deutschland – die Nachkriegsjahre

2b „Der Schokoladenonkel"

Im Sommer 1948 war ich zehn Jahre alt, also ein kleines Mädchen. Ich und meine Mutter wohnten damals bei meiner Tante in Hermsdorf, einem Stadtteil von Berlin. Unser eigenes Haus in Charlottenburg wurde durch Bomben zerstört. In unserer Straße blieb nur ein einziges Haus stehen, ja, ein einziges Haus. Meine Mutter und die Tante mussten jeden Tag „in die Arbeit". Sie mussten die Trümmer der kaputten Häuser wegräumen, Stein für Stein. Alle Frauen zwischen 15 und 50 Jahren mussten das machen. Ich war den ganzen Tag lang in der Schule. Ich bin gern dorthin gegangen, denn es gab dort jeden Tag ein warmes Essen. Zu Hause konnten wir ja nur zu bestimmten Zeiten kochen. Die Energie war zu knapp, weil die Grenze zu den Westzonen geschlossen war. Niemand konnte über die Grenze fahren. Alles, was wir zum Leben brauchten, auch die Kohle und das Essen, wurden ja nach Berlin, also nach West-Berlin, mit Flugzeugen aus Westdeutschland gebracht. Es gab wenig zu essen und man brauchte dafür Lebensmittelkarten. Die Flugzeuge, die das Essen brachten, flogen über unser Haus und unseren Garten.

Na ja, und hier fängt auch die Geschichte von meinem Schokoladenonkel an. Am Flughafen in Tempelhof – dort landeten die Flugzeuge –, also dort standen immer viele Kinder und haben den amerikanischen Flugzeugen zugewinkt. Sie haben dort auf ein besonderes Flugzeug gewartet. Es gab ein Flugzeug, das immer Schokolade und andere Süßigkeiten abgeworfen hat. Alle Kinder warteten auf die Süßigkeiten, und um jedes Stück Schokolade gab es einen großen Streit. Ich selber habe leider nie was bekommen. Ich war sehr traurig deswegen! Schokolade, das war mein größter Wunsch. Schokolade gab es ja sonst nur auf dem Schwarzmarkt.
Dann hatte ich eine Idee. Ich habe mich einfach hingesetzt und habe einen Brief geschrieben an den Piloten von dem Flugzeug. Unglaublich, nicht wahr? Ich habe in diesem Brief geschrieben: „Lieber Schokoladenonkel, kannst Du nicht mal auch eine Schokolade über unserem Garten abwerfen?" Ich habe ihm auch genau beschrieben, wie unser Garten aussieht und dass es da weiße Hühner gibt. Dann habe ich jeden Tag im Garten nach Schokolade gesucht. Leider habe ich nie etwas gefunden. Aber eines Tages bekam ich tatsächlich eine Antwort in einem Paket: „Liebe Evelyn, leider ist es zu schwer, genau Deinen Garten zu treffen. Deshalb schicke ich Dir die Schokolade per Post. Ich hoffe, sie wird Dir schmecken. Dein Schokoladenonkel James Smith". Das war der Pilot des Flugzeugs, mein Schokoladenonkel. Können Sie sich vorstellen, wie glücklich ich war? Und stolz? Ich habe einen Brief von einem amerikanischen Piloten bekommen! Und dazu auch noch diese leckere Schokolade ... Den Brief habe ich behalten, ich habe ihn heute immer noch.

Track 9

Von der Teilung bis zur Wiedervereinigung

3 Fragen an drei Deutsche: Wie sehen Sie die Wiedervereinigung heute?

Text 1 Eva Gutman
Wiedervereinigung? Na, das war damals eine spannende Zeit! Niemand wusste doch, ob die Wiedervereinigung wirklich kommt und ob alles gut geht. Und die Folgen für heute? Na ja, ich weiß, heute gibt es wirtschaftliche Probleme. Die Wiedervereinigung kostet halt viel Geld. Trotzdem: Ich denke, dass die Wiedervereinigung das Beste war, was Deutschland passieren konnte. Und den Menschen in der DDR. Sie durften ja nicht mal ihre eigene Meinung frei sagen und reisen durften sie auch nicht. Das ist jetzt auf jeden Fall besser.

Transkripte der Hörtexte

Track 10

Text 2 Svenja Tönnies
Also, ich bin ja schon im „ganzen" Deutschland, also nach der Wiedervereinigung, aufgewachsen. Ich war ja erst vier, als die Wende kam. Und in Köln hat man sowieso nicht viel von den Ereignissen mitgekriegt, das sagen zumindest meine Eltern. Aber ich finde es gut, was passiert ist. Wir gucken heute gar nicht mehr, ob jemand aus dem Westen oder Osten kommt. Und ich denke, dass Deutschland so mehr Chancen hat – politisch und wirtschaftlich und so.

Track 11

Text 3 Jürgen Rehm
Ach, wissen Sie, für uns alte Menschen hat das doch nichts gebracht. Ich hab zwei Jahre nach der Wiedervereinigung meine Arbeit verloren – dabei hatte ich damals nur noch acht Jahre bis zur Rente. Denken Sie, ich habe noch eine Stelle gefunden? Als Ingenieur? Sie haben hier im Osten doch die ganze Industrie kaputt gemacht. Und die jungen Leute haben auch keine Perspektive. Früher, in der DDR, gab es zumindest keine Arbeitslosigkeit.

Track 12

Geschichte der Migration nach Deutschland

2 Nachbarn aus der ganzen Welt – Interviews aus einem Haus

R = Reporter

Text 1 Thorsten Kwiatkowski
R: Guten Tag, Herr Kwiatkowski.
Kw: Guten Tag.
R: Kwiatkowski – das ist ja kein deutscher Nachname. Woher kommt Ihre Familie?
Kw: Kwiatkowski ist ein polnischer Name. Meine Urgroßeltern waren Polen, also die Großeltern meines Vaters. Sie kamen irgendwann am Ende des 19. Jahrhunderts nach Deutschland, ins Ruhrgebiet, wegen der Arbeit. Ich selbst bin Deutscher. Auch mein Vater ist in Deutschland geboren.
R: Also Ihre Urgroßeltern kamen aus Polen. Wissen Sie, aus welcher Stadt?
Kw: Ja, aus Krakau. Letztes Jahr habe ich meinen 60. Geburtstag gefeiert und die ganze Familie ist nach Krakau gefahren. Wir haben sogar die Straße gefunden, wo meine Urgroßmutter gelebt hat.

Track 13

Text 2 Jevgenij Vodolazkin
R: Hallo Jevgenij, du bist mit deiner Familie nach Deutschland gekommen, als du zwölf Jahre alt warst.
Vo: Hmm, mit meinen Eltern, Großeltern und meinen Geschwistern – ich habe noch einen Bruder und eine Schwester.
R: Und wie lange seid ihr jetzt in Deutschland?
Vo: Seit zehn Jahren. Hier in Deutschland ist es besser für uns als in der Ukraine. Hier gibt es eine richtige jüdische Gemeinde. Die hilft uns sehr. Mir haben sie zum Beispiel geholfen, eine Lehrstelle zu finden.

Track 14

Text 3 Rosanna Sana
R: Frau Sana, Ihre Eltern kommen aus Italien ...
Sa: Ja, aus Brescello. Das ist ein kleines Dorf in der Nähe von Parma. Sie sind in den 60er-Jahren nach Deutschland gekommen.
R: Warum?
Sa: Na ja, damals gab es wenig Arbeit in Italien. Und in Deutschland wurden Arbeitskräfte gesucht. Mein Vater bekam ein Angebot und so sind meine Eltern nach Deutschland gegangen.
R: Und Sie?
Sa: Ich? Ich war damals noch nicht auf der Welt. Ich bin in Deutschland geboren.
R: Darf ich fragen, wie alt Sie sind?
Sa: Aber ja, natürlich – 37.
R: Und was machen Sie?
Sa: Ich habe ein eigenes Geschäft – eine Weinhandlung. Wir importieren italienischen Wein.

Track 15

Text 4 Ling Sun
R: Frau Sun, Sie führen hier ein chinesisches Restaurant. Wie sind Sie eigentlich nach Deutschland gekommen?
Su: Als ich 22 Jahre alt war, kam die Polizei und verhaftete meinen Vater. Mein Vater engagierte sich für mehr Menschenrechte. Die politische Situation in China war damals sehr schwierig. Meine Mutter wollte, dass ich in Sicherheit bin. Sie hat mich also in ein Flugzeug nach Frankfurt gesetzt – dort lebt ihre Schwester, also meine Tante. Das war vor 20 Jahren. Ich habe zuerst in einem chinesischen Restaurant gearbeitet – als Kellnerin. Ich habe Geld gespart. Und jetzt habe ich ein eigenes kleines Restaurant.

Transkripte der Hörtexte

R: Besuchen Sie Ihre Eltern oft?
Su: Leider nicht. Das ist sehr weit, und der Flug ist sehr teuer. Und im Restaurant gibt es immer was zu tun. Aber einmal im Jahr fliege ich nach China, meistens im Sommer.

Track 16

Text 6 Cem Mercimek

R: Guten Tag, Herr Mercimek. Woher kommen Sie?
Me: Guten Tag. Ich komme aus der Türkei, von der Küste. Dort habe ich als Tauchlehrer gearbeitet. Vor zwei Jahren habe ich in der Türkei meine Frau Derya kennengelernt. Meine Frau ist Türkin, aber sie ist in Deutschland geboren und lebt dort. Vor einem Jahr haben wir geheiratet, und jetzt bin ich auch in Deutschland. Aber im Sommer will ich wieder in der Türkei arbeiten. Wenn man mit deutschen Touristen arbeitet, dann ist es gut, wenn man Deutsch spricht.

Track 17–22

Regionale Vielfalt

2a Deutsch – eine Sprache mit vielen Varianten

Der folgende Dialog ist in Berlinisch, Russisch, Bairisch, Französisch, Kölsch und Plattdeutsch aufgenommen.

- ■ Guten Tag, ich möchte fünf Brötchen und zwei Berliner.
- ● Noch etwas?
- ■ Nein, danke, das ist alles.
- ● Drei Euro achtzig.

Track 23

Menschen in Deutschland

4a Kindererziehung: Interview mit zwei Jugendlichen

Rollen: I = Interviewer, Ch = Chiara, Ju = Julian

I: Hallo, Chiara, hallo Julian. Vielen Dank, dass ihr ins Studio gekommen seid. Chiara, du bist 13 Jahre alt und lebst bei deiner Mutter.
Ch: Genau. Meine Eltern haben sich getrennt.
I: Und wie ist es bei dir, Julian?
Ju: Ich lebe bei meinen Eltern.
I: Wie ist dein Verhältnis zu deinen Eltern so, Julian?
Ju: Also, ich finde, meine Eltern sind zu streng. Wenn ich fernsehen will, darf ich nicht. Wenn ich Computerspiele machen will, darf ich nicht. Immer nur Schule, Schule, Schule!
I: Na, so schlimm ist es doch sicher nicht ...
Ju: Okay, ja, mal eine Stunde am Computer. Aber das war's schon.
I: Und was sagen deine Eltern gegen Computerspiele?
Ju: Meine Eltern sagen, Computerspiele machen nur dumm. Aber das stimmt doch gar nicht! Alle meine Freunde machen Computerspiele! Wir sind doch nicht alle dumm deswegen!
I: Und bei dir, Chiara? Ist euer Verhältnis auch so?
Ch: Nee, also, ich glaub nicht. Das ist echt gut. Ich kann mit meiner Mutter über alles reden. Sie ist so was wie eine Freundin für mich. Sie würde nie sagen, wie viel Fernsehen ich schauen darf oder wie oft ich Computer spiele. Sie lässt mir sehr viel Freiheit. Sie sagt immer, ich muss lernen, die Verantwortung für mich selbst zu übernehmen.
I: Gibt es auch Dinge, wo deine Mutter streng ist?
Ch: Klar, bei der Schule. Da muss ich pünktlich sein und darf auch nicht schwänzen. Da ist sie echt streng. Einmal hatte ich keine Lust und bin nicht in die Schule gegangen. Da hat sie drei Tage lang nicht mehr mit mir geredet.
I: Und wann gibt es mal Streit bei euch?
Ch: Na ja, eigentlich nur wegen der Schule. Sie will schon, dass ich gute Noten habe. Sie sagt, dann hab ich später bessere Chancen im Beruf und kann mehr Geld verdienen. Und wenn ich mal eine schlechte Note habe, gibt es schon Streit. Aber sonst habe ich meine Mutter sehr lieb.
Ju: Schule, das gibt bei mir immer Stress. Meine Mutter kontrolliert ständig meine Hausaufgaben. Und immer muss ich pünktlich zu Hause sein, sonst gibt es Ärger. Das nervt. Und dann muss ich im Haushalt helfen, den Müll runterbringen, die Spülmaschine ausräumen, den Tisch decken. Nie kann ich machen, was ich will. Echt Stress!
I: Gibt es denn gar nichts Gutes an deinen Eltern?
Ju: Schon. Am Wochenende, da haben meine Eltern mehr Zeit. Da unternehmen wir oft was. Ausflüge und so. Im Sommer mit dem Fahrrad. Oder im Winter Skifahren. Das mach ich sehr gern, aber in der Woche, wenn wieder Schule ist, ...

Transkripte der Hörtexte

Track 24

Bildung als Aufgabe der Länder

1a, b Beim Jugendmigrationsdienst: Sprachkurse und Kinderbetreuung

Rollen: B = Beraterin JMD, M = Migrantin

B: Die Tür ist offen! Sie müssen nur fest drücken ...
M: Guten Tag, ich heiße Zeynep, und das ist meine Schwester. Sie kann kein Deutsch. Sie hat zwei kleine Kinder und braucht einen Deutschkurs für Mütter.
B: Bitte setzen Sie sich doch erst mal. Ja, wir haben hier eine Liste mit Sprachenschulen. Sie können sich eine Schule aussuchen. Aber Sie müssen sich dort selbst anmelden.
M: Gibt es auch Deutschkurse mit Kinderbetreuung?
B: Ja, es gibt Deutschkurse speziell für Mütter. Die sind meistens vormittags, von 8 Uhr 30 bis 12 Uhr 30. Und es gibt eine Kinderbetreuung, aber nur für Kinder ab zwei Jahren.
M: Entschuldigung, das war mir jetzt zu schnell ...
B: Die Kinder müssen mindestens zwei Jahre alt sein.
M: Ihr Sohn ist erst ein Jahr alt, und ihre Tochter ist zweieinhalb!
B: Dann kann das Mädchen bald in den Kindergarten gehen. Mit drei Jahren ist das möglich. Haben Sie schon einen Kindergartenplatz?
M: Nein. Haben Sie Informationen dazu?
B: Da gebe ich Ihnen nachher eine Adressenliste mit den städtischen Kindergärten. Es gibt auch Kindergärten von der Kirche, dort können Sie das Mädchen auch anmelden. Schauen Sie einfach, welcher Kindergarten in Ihrer Nähe ist. Und dann gibt es noch private Kindergärten, aber die sind meistens teuer.
M: Und was machen wir mit dem Jungen?
B: Das tut mir leid, für ihn müssen Sie eine andere Möglichkeit finden! Kann nicht vielleicht der Mann Ihrer Schwester auf ihren Sohn aufpassen?
M: Nicht immer: Er macht Schichtarbeit, und deshalb kann er nicht immer aufpassen, und ich arbeite auch. Wir haben auch schon von Tagesmüttern gehört, aber 3–5 Euro pro Stunde – das ist uns zu teuer!
B: Ja, aber manchmal bezahlt das Jugendamt einen Zuschuss für Leute, die wenig Geld haben ... Und vielleicht können Sie ja auch eine Kinderkrippe suchen. Kinderkrippen nehmen Kinder schon ab sechs Wochen, glaube ich.
M: Oh, das ist interessant. Von einer Kinderkrippe haben wir noch nie gehört! Wo können wir uns da informieren?
B: Normalerweise gibt es im Rathaus so kleine Hefte, da stehen die Adressen von den städtischen Kinderkrippen drin.
M: Ach so!
B: Außerdem gibt es auch noch Elterninitiativen, die sind privat. Aber bei Elterninitiativen müssen die Eltern viel mithelfen. Sie müssen zum Beispiel auch mal kochen oder andere Aufgaben übernehmen.

Track 25

Bildung als Aufgabe der Länder

4 Ausbildung und Weiterbildung

Text 1 Janik
Hallo, ich heiße Janik. Ich bin 18 Jahre alt und habe gerade das Abitur geschafft! Meine Eltern wollten, dass ich die Realschule besuche. Aber mit dem Realschulabschluss kann man nicht studieren. Deshalb bin ich auf dem Gymnasium geblieben. Das war schon schwer für mich! Jetzt mach ich meinen Ersatzdienst in einem Krankenhaus. Danach will ich studieren.

Track 26

Text 2 Jasmin
Mein Name ist Jasmin. Ich bin 16 und habe den Quali, also den qualifizierenden Hauptschulabschluss, wie es offiziell heißt. Jetzt suche ich einen Ausbildungsplatz. Ich möchte gern Zahnarzthelferin werden. Wenn ich einen Ausbildungsplatz bekomme, dann bin ich drei Jahre bei einem Zahnarzt oder bei einer Zahnärztin und lern dort meinen Beruf. Und einmal pro Woche geh ich zur Berufsschule. Neulich war ich auf einer Veranstaltung von der Agentur für Arbeit. Da hab ich gelernt, was „duales System" bedeutet: Man arbeitet in einer Firma, also bei mir wär das dann die Arztpraxis, und geht dann aber auch noch in eine Berufsschule.

Track 27

Text 3 Hermann
Hallo, ich bin der Hermann. Ich bin 35 Jahre alt und habe zehn Jahre als Buchhändler gearbeitet. Buchhändler ist mein erster Beruf. Dann war ich drei Jahre arbeitslos. Im Moment mache ich eine Umschulung zum Bürokaufmann. Diese Umschulung finanziert die

Transkripte der Hörtexte

Arbeitsagentur. Ich besuche nun zwei Jahre lang einen speziellen Kurs und hoffe, dass ich danach eine Stelle als Bürokaufmann finde. Es wird bei uns immer schwieriger, finde ich. Früher hat man einen Beruf gelernt und konnte dann sein Leben lang in diesem Beruf bleiben. Heute muss man erst einen Beruf lernen, dann muss man noch einen anderen Beruf lernen. Wir lernen unser ganzes Leben weiter ...!

Track 28

Text 4 Svenja
Mein Name ist Svenja. Ich bin 38. Früher habe ich als Übersetzerin in einem Büro gearbeitet. Dann habe ich meine beiden Kinder bekommen. Die sind jetzt fünf und drei Jahre alt. Ich möchte gern wieder arbeiten, aber nicht wieder in meiner alten Firma. Ich will mich selbstständig machen. Ich war schon bei der Arbeitsagentur und habe mich informiert. Da gibt es Kurse für Leute wie mich.

Track 29

Text 5 Kinga
Ich bin Kinga, 22 Jahre alt. Ich komme aus Ungarn und habe dort Pädagogik studiert. Mit meinem Studium allein kann ich hier in Deutschland leider keine Arbeit finden. Ich möchte gern in einem Kindergarten arbeiten. Deshalb gehe ich jetzt auf die Fachakademie für Sozialpädagogik und lerne den Beruf „Erzieherin". Die Ausbildung dauert drei Jahre.

Track 30

Bildung als Aufgabe der Länder

5 Bei der Migrationsberatung für Erwachsene: Ausbildung und Weiterbildung

Rollen: M = Mann, W = Beraterin, Frau Wagner

M: Guten Tag, Frau Wagner. Ich habe ein Problem: Ich habe ein Krankenpflegerdiplom und habe zwei Jahre an der Hochschule für Krankenpflege in meiner Heimat studiert. Ich habe mich hier im städtischen Krankenhaus als Stationsleitung beworben, aber man will mich nur als Pflegehelfer einstellen. Was soll ich tun?

W: Sind Ihre Zeugnisse denn schon übersetzt und anerkannt?

M: Es ist alles übersetzt, sogar mit Stempel von einem offiziellen Dolmetscher.

W: Zeigen Sie bitte. Hm, das reicht aber nicht. Sie müssen mit den Zeugnissen zur Zeugnisanerkennungsstelle. Dort muss Ihr Schulabschluss anerkannt werden. Das ist kostenlos. Und dann müssen Sie zur Regierung. Die prüft, ob Sie hier als Krankenpfleger arbeiten dürfen. Ich gebe Ihnen die Adressen und eine Liste, welche Unterlagen Sie brauchen.

M: Vielen Dank. Und dann kann ich als Leitung arbeiten?

W: Das kommt darauf an, auf welcher Station. Für manche Abteilungen braucht man eine Fachweiterbildung, z. B. für Chirurgie. Und dann brauchen Sie auch noch eine Weiterbildung für Leitungskräfte. Entweder einen Kurs, z. B. beim Institut für Pflegeberufe. Der dauert ca. 2 Jahre. Oder Sie absolvieren noch ein Studium an der Fachhochschule, z. B. Pflegemanagement. Und dann brauchen Sie als Leitung auch noch Computerkenntnisse. Falls Sie die nicht haben, können Sie für wenig Geld an der Volkshochschule einen PC-Kurs machen.

M: Das verstehe ich nicht. In meinem Land kann man mit meinem Fachabitur in allen medizinischen Bereichen arbeiten, auf allen Stationen. Und mit der Hochschule darf man als Leitungskraft arbeiten. Meine PC-Kenntnisse sind – glaube ich – gut, weil ich früher schon Dienstpläne am Computer erstellt habe.

W: Das habe ich mir schon gedacht: Sie haben sehr gute und schöne Bewerbungsunterlagen mitgebracht. Was die Abteilungen betrifft: Hier machen auch viele Krankenschwestern neben dem Beruf kurze Fortbildungen, die oft das Krankenhaus bezahlt. Leitung wird man meist erst später, wenn man schon einige Jahre Berufserfahrung und eine Weiterbildung hat.

M: Da muss man ja das ganze Leben lernen ...

W: Lebenslanges Lernen ist nötig, weil sich die Berufe weiterentwickeln. Es macht auch Spaß. Man lernt immer etwas Neues. Ich schlage vor, Sie überlegen sich, in welcher Abteilung Sie am liebsten arbeiten würden, und dann suchen wir gemeinsam den richtigen Weg.

M: Gut, dann komme ich nächsten Montag mit allen Zeugnissen und Diplomen noch einmal zu Ihnen. Vielen Dank und auf Wiedersehen!

Transkripte der Hörtexte

Track 31

Religiöse Vielfalt

2 Woran glauben die Deutschen?

Rollen: R = Reporterin, M1 = Mann 1, M2 = Mann 2, M3 = Mann 3, W1 = Jugendliche

R: Guten Tag, wir machen hier eine Umfrage zum Thema „Wie gläubig sind die Deutschen wirklich?". Darf ich Sie fragen, ich sehe, Sie haben hier zwei Kinder, haben Sie die Kinder taufen lassen?
M1: Ja, sie sind beide getauft. Meine Frau ist katholisch und ich bin evangelisch. Wir haben uns damals für die evangelische Taufe entschieden. Wir versuchen, die Kinder auch im Glauben zu erziehen.
R: Sie gehen also auch jeden Sonntag in die Kirche?
M1: Ja, in unserer Gemeinde gibt es am Sonntagvormittag immer den Familiengottesdienst und da gehen wir mit den Kindern hin.
R: Vielen Dank! ... Ähh, Entschuldigung, darf ich Ihnen kurz eine Frage stellen? Sind Sie ein gläubiger Mensch?
M2: Ja, ich denke schon.
R: Was heißt das genau? Gehören Sie einer Kirche an, gehen Sie regelmäßig zum Gottesdienst ...?
M2: Also, ich war in der katholischen Kirche, bin aber ausgetreten. Mit der Institution „Kirche" kann ich persönlich nicht viel anfangen. Aber ich glaube trotzdem an Gott.
R: Und Gott – was ist das für Sie?
M2: Hmm, na ja, ich würde sagen, Gott ist etwas wie eine universale Kraft ... hmm ... etwas, was sich vor allem im Handeln der Menschen äußert ... nicht einfach zu erklären ...
R: Danke schön. ... Guten Tag, darf ich euch kurz was fragen? Wir machen hier eine Umfrage zum Thema „Wie gläubig sind die Deutschen wirklich?". Was würdet ihr dazu sagen?
W1: Gläubig? Die Deutschen? Also, ich weiß nicht, ob die Deutschen gläubig sind, aber ich bestimmt nicht. Kirche und so – das interessiert mich nicht so sehr.
R: Knappe, aber deutliche Antwort. Und du?
M3: Also ich ... ähm ... ich bin Moslem. Ich bin Bosnier, meine Eltern kommen aus Bosnien und mein Vater ist Moslem, aber meine Mutter ... also sie ist serbisch-orthodox, na ja, und so mischt es sich etwas bei uns. Also, wir feiern auch zum Beispiel Weihnachten, aber auch Ramazanski Bajram und so.
R: Das ist ja interessant. Und was ist das genau, wenn ich fragen darf ...

Track 32

Kulturelle Orientierung – Verhalten und Regeln

3 Kindergeburtstag

Rollen: L = Lehrerin, KT = Kursteilnehmerin

L: ... dann wünsche ich Ihnen noch einen schönen Nachmittag – Wiedersehen, bis morgen!
KT: Entschuldigung, ich habe noch eine Frage ...
L: Ja?
KT: Unsere Tochter ist nächste Woche zum Kindergeburtstag eingeladen. Und jetzt weiß ich nicht genau ... Können Sie mir sagen, was wir tun müssen?
L: Meistens bekommen die Kinder ja eine schriftliche Einladung, wo alles drin steht. Haben Sie so eine bekommen?
KT: Ja, unsere Tochter hat eine Karte bekommen.
L: Und was steht da?
KT: Der Kindergeburtstag geht von 15 bis 18 Uhr. Und die Adresse steht auch drauf.
L: Und hat Ihre Tochter schon gesagt, dass sie kommt?
KT: Ich weiß nicht.
L: Sie sollten auf jeden Fall sagen, dass sie kommt. Und Sie brauchen ein Geschenk für das Geburtstagskind. Ihre Tochter kann fragen, was sich das Geburtstagskind wünscht. Oder Sie schenken einen Gutschein, zum Beispiel für ein Buch oder für eine CD.
KT: Einen Gutschein?
L: Ja, das ist praktisch. Das Kind kann dann mit dem Gutschein in das Geschäft gehen und selbst aussuchen, was es will ... Und noch etwas: Kommen Sie pünktlich und holen Sie Ihr Kind auch pünktlich wieder ab, das ist bei Kindergeburtstagen in Deutschland ganz wichtig ...

Lösungen zu den Kopiervorlagen

Kopiervorlage OK 2 Bundesländer-Puzzle
SH	Schleswig-Holstein	HE	Hessen	SL	Saarland
MV	Mecklenburg-Vorpommern	HB	Bremen	BW	Baden-Württemberg
NI	Niedersachsen	TH	Thüringen	BY	Bayern
ST	Sachsen-Anhalt	SN	Sachsen	BE	Berlin
BB	Brandenburg	RLP	Rheinland-Pfalz	HH	Hamburg
NRW	Nordrhein-Westfalen				

Kopiervorlage OK 3 Das politische System in Deutschland
Lösung s. Kursbuch, Seite 11

Kopiervorlage OK 4 Die Nationalhymne der Bundesrepublik Deutschland
1c, 2b, 3b
Die Antworten finden Sie in ganzen Sätzen auf der Kopiervorlage unten.

Kopiervorlagen OK 5 + 6 Die Arbeitslosigkeit
2   richtig: b, c, e, f, h
3b   4,9 Prozent; 16,5 Prozent; 11,6 Prozent

Kopiervorlage OK 7 Die Verwaltungsstruktur in Deutschland
1   Staat; Bundesländer, Stadtstaaten; Städte, Gemeinden
2   Bund: Außenpolitik, Bundeswehr, Gesetzesbildung
     Bundesländer/Stadtstaaten: Polizei, Bildung, Kultur, Gesetzesbildung
     Städte und Gemeinden: Sozialarbeit, öffentlicher Nahverkehr, Wasserversorgung, Kultur

Kopiervorlage OK 8 Deutschland – ein Einwanderungsland
Es gibt mehrere Lösungsmöglichkeiten, z. B.:
Text oben: klassische Einwanderungsländer; Einwanderungsländer weltweit
Text Mitte: Einwanderungsland Deutschland; Deutschland – ein Einwanderungsland?
Text unten: kulturelle Folgen der Einwanderung; Pflichten für Einwanderer

Kopiervorlagen OK 9 + 10 Symbole der Europäischen Union
2   richtig: b, c, e
3a   1. Italien, 2. Luxemburg, 3. Vatikan, 4. Irland, 5. Spanien, 6. Deutschland, 7. Österreich
3b   Einführung: 1.1.2002
     Am 1.1.2009 Zahlungsmittel in den folgenden Ländern: Belgien, Deutschland, Griechenland,
     Spanien, Frankreich, Irland, Italien, Luxemburg, den Niederlanden, Österreich,
     Portugal, Finnland, Monaco, San Marino, Malta, Slowenien, der Republik Zypern,
     der Slowakei und dem Vatikan
     Gestaltung der Euro-Scheine: überall gleich
     Gestaltung der Euro-Münzen: in den verschiedenen Ländern unterschiedlich

Kopiervorlage OK 11 Geografie-Quiz
1b, 2a, 3b, 4c, 5c, 6b, 7a, 8a, 9c, 10b, 11c, 12a, 13a, 14c

Kopiervorlage OK 12 Die deutsche Küche
1   a 10, b 2, c 1, d 7, e 8, f 5, g 4, h 6, i 3, j 9
2   a Berlin und Brandenburg, b Bayern, c Thüringen, d Sachsen und Sachsen-Anhalt,
     e Baden-Württemberg, f Hamburg und Schleswig-Holstein, g Hessen, Rheinland-Pfalz und
     Saarland, h Nordrhein-Westfalen, i Bremen und Niedersachsen, j Mecklenburg-Vorpommern

Kopiervorlage OK 14 Kulturelle Orientierung – das Eisbergmodell der Kultur
über dem Wasser: Sprache, Aussehen (der Menschen), Verhalten, Produkte
unter dem Wasser: Werte, Normen, Sitten, Gebräuche, Vorschriften, Erwartungen,
Einstellungen

Lösungen zu den Kopiervorlagen

Kopiervorlage EK 4 Grund- und Bürgerrechte
1d, 2g, 3a, 4i, 5b, 6c, 7j, 8e, 9f, 10n, 11h, 12p, 13k, 14m, 15l, 16o

Kopiervorlage EK 5 Strafprozess
1f, 2h, 3b, 4g, 5d, 6a, 7c, 8e

Kopiervorlage EK 6 Deutschland in der ersten Hälfte des 19. Jahrhunderts
1 B, 2 D, 3 C, 4 A

Hinweise zu den Abbildungen:
1 Karte Deutscher Bund 1815–1866
2 Auswanderer in die USA im Hafen von Bremen: Ankunft eines Zuges vor einer Wartehalle der Norddeutschen Lloyd
3 Deutsche Fabrikanlage im 19. Jahrhundert
4 Die Zeichnung „Grenzverlegenheit" (Im Original: „Gränzverlegenheit") karikiert die deutsche Kleinstaaterei mit ihren vielen Zollgrenzen vor der Gründung des Deutschen Zollvereins 1834. Namentlich genannt ist hier das Fürstentum Lippe in Westfalen, das damals zu den kleinsten Territorien des Deutschen Bundes gehörte.

Kopiervorlage EK 7 Die Märzrevolution 1848 und die Nationalversammlung in der Paulskirche
1 C, 2 D, 3 A, 4 B

Hinweise zu den Abbildungen:
1 Hambacher Fest: Zug auf das Hambacher Schloss 1832
2 Märzrevolution 1848: Abbildung eines Straßenkampfs zwischen Revolutionskräften und königlichen Truppen in Berlin.
3 Deutsche Nationalversammlung in der Frankfurter Paulskirche 1848
4 Die Abbildung zeigt die Waffenabgabe der Revolutionäre nach deren Niederlage Mitte 1849 in Rastatt.

Kopiervorlage EK 8 Das deutsche Kaiserreich bis zum Ersten Weltkrieg (1871–1914)
1 D, 2 A, 3 C, 4 B

Hinweise zu den Abbildungen:
1 Karte Deutsches Reich 1871
2 Otto von Bismarck und Kaiser Wilhelm II. Diese berühmte englische Karikatur mit dem Titel „Dropping the pilot" (Auf Deutsch: „Der Lotse geht von Bord") von 1890 belegt das Vertrauen des Auslands in die Außenpolitik Otto von Bismarcks. Das Kaiserreich unter Wilhelm II. erscheint nun führungslos und somit unberechenbar.
3 Kaiser Wilhelm II. im Kreise von Offizieren in Berlin 1904.
5 Karte der großen Militärbündnisse Mittelmächte (Deutschland, Österreich-Ungarn, Italien u.a.) und Entende (Frankreich, England, Russland u.a.) vor dem Ersten Weltkrieg.

Kopiervorlage EK 9 Das Ende des Kaiserreichs im Ersten Weltkrieg (1914–1918)
1 C, 2 B, 3 A, 4 D

Kopiervorlage EK 11 Einbürgerungstest: regionale Fragen
Keine Angabe von Lösungen, da diese Kopiervorlage Fragen zu den einzelnen Bundesländern und Regionen enthält.

Hinweise zu den Abbildungen:
1 Das Foto symbolisiert die Kriegseuphorie vieler Deutscher, die mit Begeisterung in den Krieg zogen. Die Aufschrift auf dem Waggon „Zum Frühstück – Auf nach Paris." belegt den Irrglauben vieler, man könne einen schnellen Sieg über Frankreich und seine Verbündeten erzielen.
2 Foto eines Schlachtfelds in Verdun im Sommer 1916. Zu sehen ist ein französischer Maschinengewehrposten inmitten einer verwüsteten Landschaft.
3 Ausrufung der Deutschen Republik durch den sozialdemokratischen Politiker Philipp Scheidemann an der Reichskanzlei in Berlin am 9.11.1918
4 Karte: Deutschland und Mitteleuropa nach dem Ersten Weltkrieg

Notizen

Notizen

Notizen